인
간,

석가모니불을 만나다
내가 본 석가모니불의 발자취

KB203849

인간,

석가모니를 만나다

내가 본 석가모니불의 발자취

최종웅(惠淨) 지음

올리브
그린

석가모니불은 신이 아닙니다. 인간으로서 이 땅에 오셨습니다. 중생들의 본래 면목을 알리기 위하여 사바세계에 오신 것입니다. 인간으로 오신 석가모니부처님은 현시대를 살아가는 우리에게 어떤 교훈을 남기셨을까요?

　　부처님은 가장 아름답고 가장 고귀하면서 가장 인간다운 삶을 살다 가신 분이십니다. 인도 쿠시나가라 열반에서 그 모습을 느낄 수 있을 것입니다. 열반의 땅으로 향하는 모습을 그리면서 현재 남아있는 부처님의 유적지를 돌아보며 중생 교화의 참모습을 되새겨보고자 이 글을 씁니다. 역사적 문제나 학술적인 문제는 사학가와 교리 연구자에게 맡기기로 하고, 저는 이 글에서 부처님의 일대기를 설화 형태로 엮고자 합니다. 생각으로는 부처님 당시의 실지 상황에 접근하고자 최선을 다하였으나 역시 어렵다는 것을 느꼈습니다. 지명과 인명, 용어들은 발음상으로 조금씩 다를 수 있습니다. 그래도 최대한 옛것을 살피고, 또 경전의 내용을 더듬어 비교하면서 발자취를 따라가 봅니다.

문단 형식은 크게 3단계로 나누었습니다. 첫째는 정반왕의 아들인 싯다르타 태자의 이야기, 둘째는 출가 이후에 수행하는 보살의 이야기, 셋째는 성불 이후 교화하는 부처님의 이야기입니다. 각 문단 사이사이에 비로자나불과 진각성존의 이야기도 조금씩 덧붙였습니다.

부처님 이야기에 대해 글을 쓰고자 생각한 때는 진각종 입문 9년 되는 1986년 처음으로 성지에 발을 디디면서 쿠시나가라 열반당으로 들어가는 중간, 들판에 세워진 자그마한 건물 안에 고뇌하는 부처님의 상을 보았을 때부터입니다. 발걸음을 멈추고 부처님의 가장 인간다운 모습을 한없이 바라보다가 울컥 눈물을 쏟았던 그때! 우리와 다를 바 없이 고뇌하시는 모습, 그곳을 떠나도 항상 마음에 남아 지워지지 않는 모습, 룻지에 누웠을 때 천장에 부각되어 잠을 이루지 못하면서입니다. 그 후, 종단 교육 소임을 거쳐 행정책임자가 되었을 때도 내가 가야 할 길이 무엇인가를 항상 생각하게 하는 이정표처럼 제시받아 여기까지 이르게 됨은 모두 고뇌하시는 부처님이 베푼 은혜였음을 생각하게 되었습니다. 그리고 인도로 성지순례를 갈 수 있도록 길을 열어주신 진각성존의 은혜에 조금이나마 보답하기 위하여 길을 찾았습니다. 그것은 위대한 분을 세상에 알리는 것입니다. 서울을 제외한 전국 각지를 돌면서 법문도 하였습니다. 다음으로 부처님 성지를 참배하면서 동행한 분들 앞에서 참회의 법문도 하였습니다. 네팔의 카트만두 사원 관음보살 수계관정지, 룸비니동산 보리수 아래, 보드가야 승원 제6 선정처를 바라보면서, 녹야원 대향적사 터에서, 영축산 법화산정 앞에서, 칠엽굴 앞에서, 기원정사 부처님 설법 처에서, 대림정사 중각당[보광명전] 석주 아래에서, 쿠시나가라 열반당 승원에서, 나란다대학 유적지에서 참회법문을 하였습니다. 보드가야를 제외한 모든 성지에서 파괴된 붉은 벽돌을 보고 참회의 법문을 하였습니다.

부처님의 일대기에 관한 저술은 많습니다. 나라마다 글쓴이들마다 각각 다른 내용들입니다. 마음들이 달라서 느낌 또한 각각 다르게 표현되어 있습니다. 어떠한 생각을 갖든 부처님의 법은 수행 정진에 있다는 것을 강조하고 싶습니다. 불교는 마음의 수행정진 없이 겉모습을 화려하게 장엄하는 그날부터 파괴의 길로 간다는 것을 알아야 합니다. 수행자는 검소한 생활과 부지런한 습관과 탐구하는 정신이 필요합니다. 끊임없이 자기 성찰로 참회와 복덕 짓기에 매진해야 할 것입니다.

여기까지 오는 중에 은혜와 수원讐怨이 반반半半입니다. 은혜로 인하여 편안해질 수 있었고, 수원으로 인하여 공부할 시간이 생겼으니 수원심讐怨心 자체가 모두 은혜가 된 셈입니다. 각각의 일대 사인연에 의하여 주고받는 업보의 틀에서 생활하고 있습니다. 그러므로 누가 누구를 원망하거나 탓할 수 있는 것이 아닙니다. 자신이 지혜롭지 못하고 자비롭지 못하여 많은 실수와 잘못을 하면서 주위 사람들을 괴롭게 하였습니다. '지나고 보면 모두가 좋은 법문이었지만 괴로움을 당한 자는 얼마나 마음 아팠을까······' 생각하면서 깊이 참회합니다. 나와 인연 있는 모든 분들이 성불할 때까지 도반으로서 부처님 회상에서 만나기를 서원할 뿐입니다.

이제 감사의 인사를 전합니다. 첫 성지 순례를 떠날 때 경비를 보시하신 밀각 · 유가의 교도분과 순례할 때마다 공양금을 준비해 주어 쿠시나가라의 부처님 열반상에 가사袈裟 공양을 할 수 있도록 도움을 주신 문보○○ 보살님께 감사의 말을 전합니다. 성지 순례와 외국 출장 업무로 교화지를 비울 때마다 교화와 살림살이를 겸하면서 쉴 사이도 없이 누적된 피로 때문에 지금은 불편한 몸이 되어 가까운 곳으로 나들이하는 것조차 힘들어하는 평생의 도반 선행관 전수님! 어찌 말이나 글로써 그 고마움을 표현할 수 있을까만, 미안한 마음에 이 자리를 빌려서 고맙다는 인사를 전합니다. 그리고 졸고를 기꺼이 출판해 준 올리브그린 오종욱 대표님, 귀한 사진들을 제공해주신 김미숙 교수님께 감사 드립니다. 이 자리에서 바라는 원顯이 있다면, 이 글을 보시는 분들 원하는 서원 모두 성취되어 해탈하시고 구경究竟에는 성불하기를 바랍니다.

이 글을 쓰는 것은 베풀어 주신 은혜에 보답하기 위함입니다. 보신 분은 자비한 마음으로 크게 한번 웃으시고 문장의 잘못된 부분, 질책 있기를 바라면서 좋은 가르침을 기다립니다. 다시 한 번 베풀어 주신 깊은 은혜에 고개 숙여 합장의 예를 올립니다.

거룩한 부처님께 귀명 합니다.
자비한 가르침에 귀명 합니다.
거룩한 스승님께 귀명 합니다.

2020 진기74년 대각절 아침,
참회 불공을 회향하면서 합장합니다.

글 싣는 순서

I
룸비니, 석가모니불의 탄생지

룸비니는 네팔 남부에 자리 잡은 아름다운 하나의 정원이다. 싯다르타 태자가 태어났다. 태자의 몸을 씻었다는 푸스카르니 연못, 마야 대비 사찰에서 싯다르타 태자의 탄생상과 발자국, 무우수 나무 서쪽으로 아소카왕의 석주(石柱), 룸비니 국제사원 구역에 중국·스리랑카·태국·미얀마 등 20여 나라에서 지은 고유의 사찰이 있다. 1997년 유네스코 세계문화유산으로 지정되었다.

●

아름다운 출발지 룸비니 정원에서

"거룩한 부처님께 귀명歸命합니다."

부처님의 탄생지 룸비니Lumbini. 룸비니는 불교의 성지이면서 힌두
교성지이다. 룸비니동산에서 저녁노을을 바라보면서 푸스카르니
[九龍池] 호수 옆 잔디에 앉아 당시 부처님의 모습을 마음으로 새기
면서 명상에 젖어본다. 붉은 노을빛에 물 들은 무우수無憂樹의 가지
와 잎들이 하얀 마야당摩耶堂의 지붕을 감싸 덮고, 7.2m 높이로 우뚝
서 있는 아소카왕의 석주가 황금빛을 발하면서 2,500여 년 전의 일
들을 자랑하듯 빛나고 있었다. 이제 빛의 세계를 따라 화신 석가모
니불의 발자취를 더듬어보는 여행을 떠나보자.

　　푸스카르니 연못 옆에는 웅장한 보리수가 자리 잡고 있다. 보
리수와 무우수는 같은 종류의 필발라수이다. 상황에 따라 나무는
이름을 달리한다. 무우수無憂樹란 '근심 없는 나무'라는 뜻이고, 보리
수菩提樹는 '지혜의 나무'를 의미하므로 같은 종류의 나무지만 이름
을 달리하여도 별 무리는 없을 것이다. 근심을 없애는 것이 지혜이

룸비니 마야당과 푸스카르니 연못

고, 지혜로워야 근심 또한 없어지기 때문이다. 연못 옆에 있는 지금의 보리수는 250여 년 전 스리랑카에서 옮겨 심은 나무이다. 원래 보리수의 3대째가 되는 셈이다.

보리수 주변에는 화려한 색깔의 타르초가 바람에 휘날린다. 타르초는 긴 줄에 다섯 가지 색깔로 네모난 천에 경문과 진언, 불화, 기원문 등 만다라를 그려 줄줄이 이어 단것으로, 만국기와 같은 느낌을 준다. 울긋불긋한 타르초의 색상은 우주를 형성하는 다섯 가지 원소를 의미하며, 생명의 근원과 신성神聖을 드러내는 것이라 한다. 파란색은 하늘, 노란색은 땅, 빨간색은 불, 흰색은 구름, 초록색은 바다를 상징한다. 타르초에 그려진 그림으로는 비로자나불로부터 5불과 만다라 세계의 보살과 명왕과 천신들로서 밀교의 성향이 강하게 나타나고 있다. 모두 바람에 날리게 하는 것은 부처님의 정법이 온 우주에 두루 전해지기를 바라는 마음이 하늘에 닿는다는 불사이다. 타르초와 함께 네팔의 마을 어귀에서 쉽게 볼 수 있는 것이 룽다인데, 이는 장대에 긴 천을 매단 깃발이다. 룽다는 '바람의 말[風馬]'이라는 의미로, 진리가 바람을 타고 말처럼 빨리 세상 곳곳에 퍼져 중생을 해탈하게 해달라는 염원이 담겨 있다. 히말라야 주변을 여행하면 흰 눈이 덮인 설산과 화려한 색상의 깃발을 흔히 볼 수 있는데, 룽다時聞와 타르초空聞 모두 히말라야를 상징하는 일부분처럼 보인다.

석가모니불이 태어날 당시 인도에는 크고 작은 나라들이 난립

해 있었다. 정반왕은 카필라 왕국의 군주로, 카필라성 북쪽의 천비성天臂城 선각왕善覺王의 공주인 마하마야Mahā-māyā=摩耶와 결혼하였다. 정반왕의 나이 40세가 되도록 아이가 생기지 않아 왕과 왕비는 걱정이 많았다. 그러던 어느 날7월 15일 마야부인은 6개의 상아를 가진 흰 코끼리가 오른편 옆구리로 들어오는 꿈을 꾼 뒤 임신하였다. 도솔천에서 수행하던 보살이 하생下生의 시기時期와 대륙과 나라와 집안을 살펴보면서 염부제의 중앙, 인도 카필라성을 선택하였으며, 아버지는 정반왕, 어머니는 마야부인을 택하였다. 방법은 그 옛날 제불諸佛 출생 관례대로 여섯 개의 상아를 가진 코끼리로 결정하여 마야부인의 오른편 옆구리로 들어가기로 정하였다. 이와 같은 것을 마야부인이 꿈으로 보였다. 태자는 마야부인의 태중에 들어와 신들이 마련한 보전寶殿 속에서 가부좌跏趺坐하고 열 달을 기다린 것이다.

룸비니 마야당에 있는 보리수는 수령이 250살을
훌쩍 넘었다. 보리수 주변으로 화려한 색깔의 타르
초가 바람에 휘날린다.

●

태자 탄생의 마야 사원

인도는 아이를 출산할 때 외가에서 낳아야 한다는 전통이 있었다. 마야부인은 아이를 낳기 위해 친정으로 가는 중에 친정아버지가 어머니를 위해 만들어 준 룸비니동산에서 잠시 쉬기로 하였다. '룸비니'는 친정어머니의 이름을 딴 것으로 카필라성에서 28km 정도의 지점에 있는 아름다운 동산이다. 아침이면 히말라야산맥의 만년설의 빛에 반사되는 마하 비로자나불의 청정한 빛이 찬란하게 뿜어지는 이곳, 나무가 울창하며 연못과 동남쪽으로 흐르는 시내와 맑은 샘물이 솟아나는 훌륭한 동산으로 요양하기 좋은 장소이다.

아침 햇살을 받으면서 연못에서 목욕을 마친 마야부인은 갑자기 산통을 느껴 낮은 언덕에 있는 무우수無憂樹 아래에 머물렀다. 이 나무는 필발라수이다. 동쪽으로 뻗은 가지를 오른손으로 잡았다. 나무 전체가 흔들리면서 꽃들이 떨어지기 시작하였다. 잎사귀에 맺혀 있던 이슬이 함께 떨어졌다. 바람이 불어 꽃들이 떨어지면서 물방울과 꽃이 사방으로 흩날렸다. 비가 내리듯 햇빛을 반사 받은 오색의 꽃비가 내리기 시작하였다. 햇빛에 반사되어 새로운 세계를 만들어내고 있었다. 아름다운 세계이다. 비로자나 법신의 만다라세계가 펼쳐졌다.

이러한 상서로운 기운이 감도는 가운데 주위가 조용해지면서 마야부인의 오른쪽 옆구리에서 태자가 탄생하였다. 제석천이 흰 꽃단으로 태자를 받들고, 아홉 마리의 용이 정수淨水를 뿜어내 태자의 몸을 관정灌頂하였다. 아, 아름다움이여! 꽃이 떨어지고 맺혀 있는 물방울이 떨어지는 장면이 꼭 하늘에서 용이 물을 뿜는 것 같았다. 경전 속에는 이 장면을 꽃비가 내리고 아홉 마리 용이 물을 뿜었다고 묘사하였다. 아홉 마리는 곧 밀교적 표현으로 따뜻함, 시원함, 청정함, 신선함, 고요함을 갖춘 중앙과 동서남북과 간방을 표현하는 것이다. 두 마리 용이 따뜻한 물, 신선한 물을 뿌리고, 일곱 마리의 용은 다시 땅으로 내려와 연꽃으로 변하였다. 이렇게 용과 물과 꽃은 하나이다. 하늘에서 꽃비가 내리고 땅 위에는 연꽃이 솟아 태자는 연꽃을 밟으면서 사방으로 일곱 걸음을 한다. 발자국을 옮길 때마다 피어나는 오색찬란한 연꽃 일곱 송이가 사방으로 옮겨 솟아난다. 태자는 오른손으로 하늘을, 왼손으로 땅을 가리키며, 다음과 같이 말씀하셨다.

하늘과 땅을 통틀어 내가 가장 존귀하다 天上天下唯我獨尊

삼계가 모두 괴로움이니,

내가 마땅히 그들을 편안하게 하리로다. 三界皆苦我當安之

이 말씀은 삼세의 모든 부처님이 공통으로 하신 말씀으로 인간의 존엄성을 알리면서 오신 뜻을 밝힌 사자후獅子吼이다. 이것은 자신의 위치와 이 세상에서 현실과 자신이 할 일에 대하여 대 선언을 하신 것이다.

●

걸음걸음 피어나는 연꽃 일곱송이

태자가 일곱 송이 연꽃을 밟으면서 일곱 걸음을 걸은 다음, 오른손은 하늘을 왼손은 땅을 가리킨 모습은

"나는 저 하늘 도솔천에서 이곳 인간세계에 왔노라!"

이것은 비로자나불의 화현신化現身이라는 뜻을 담고 있다. 그리고 일곱 걸음을 보인 것은 내가 여기까지 온 길과 장차 가야 할 길을 알리는 장면으로 걸음은 과거로서 지나온 길이요, 손은 현재로서 앞으로 할 일의 표현하는 것이다.

하늘과 땅 아래, 내가 주인공이다! 이 세상에 존재하는 모든 것은 나를 위하여 만들어졌다. 주인의 성향에 맞추어 사용하기 편리하도록 만들어져 있다. 이제 나를 위해 만들어진 사바세계의 일체중생들도 편안하게 사용할 수 있도록 할 것이며, 무시광대겁으로부터 지금까지 내가 오기를 기다려 준 삼라만상들, 깨달은 자의 눈

으로 보았을 때, 잘못 만들어진 것이 너무 많다. 그것으로 중생들은 고통의 업을 받는 것이다. 이것을 해결하기 위하여 '삼계개고 아당안지三界皆苦我當安之'로 약속의 말씀을 하신 것이다. 일곱 걸음은 지옥·아귀·축생·인간·수라·천상의 육도를 넘어 한 발자국 더 나아가 윤회가 없는 아라한의 경지로 표현되는 걸음이다. 이것은 일체중생을 제도하여 윤회에서 벗어나게 하겠다는 각오가 담긴 탄생게誕生偈이다. 7이라는 숫자가 성취의 길에 마지막 받는 행운의 수이며, 인연의 숫자이기도 하다.

> **첫째, 싯다르타 출생 / 둘째, 야수다라태자비 출생 / 셋째, 찬다카마부 출생 / 넷째, 카르다신하 출생 / 다섯째, 칸타카말 출생 / 여섯째, 대보리수나무 출생 / 일곱째, 네 개의 보배항아리가 나타난 것이다.**

서양에서는 행운의 숫자라 하여 7을 좋아하지만, 동양에서는 8을 더 좋아한다. 7이라는 숫자는 아무것도 하지 않으면서 얻어지는 숫자는 아니다. 노력하라는 의미가 담겨 있다.

　"앞으로 나아가라. 행운의 시간이 지나 성취의 날이 올 것이다. 넘어져도 일어나 참고 나아가라." 이것이 7전8기七顛八起이다. 7을 넘어선 8의 의미는 글자의 모양처럼 시작도 마침도 없는 영원한 무한대의 숫자를 뜻한다. 부처님 말씀이 8만장경이라 한 것도 이와 같은 의미로 정법의 말씀은 끝도 가도 없이 무한하다. 그리고 불법의 수호신을 천룡팔부중天龍八部衆이라 한 것도 같은 의미이다. 7로써 4시의 시간을 이야기한 스리랑카는 28불 사상으로 승화시켰다. 이 사상은 육대의 생성이 무시광대겁無始光大劫으로부터 형성되었으며, 무시광대겁은 현겁現劫의 부처님 4분이 출생하고 열반하는 시간을 말한다. 석가모니부처님 이전 과거에 28불이 있었다. 그 28불을 4불씩 나누면 7무시광대겁이 된다. 이제 제7 무시광대겁을 지나 제8 무시광대겁의 시작으로 비로자나불의 첫 번째 화현신이 출현하였다. 그분이 석가모니부처님이다. 우리는 제8 무시광대겁의 첫 시작의 부처인 석가모니불을 만났으니 그 복이 무궁하고 무진하며 무량할 것이다.

오색의 빛으로 태자의 발을 받친 일곱 송이의 연꽃은 또한 그 옛날 연등불 앞에서 부부인연과 성불 인연을 동시에 약속하는 일곱 송이의 우담바라가 사바세계에 연꽃으로 나타난 것이다. 연꽃은 태자의 걸음 따라 사방으로 옮겨 피어난다.

첫 번째 발자국에 피어오른 연꽃은 도솔천 내원궁에서 내려와 인간계에서 밟은 시작을 알리는 연꽃이다. 비로자나불로부터, 법계로부터, 빛으로부터 이 룸비니동산에 시작의 모습을 나타낸 것이다. 이것이 비람강생상毘藍降生相으로 탄생게를 외치는 장면이다.

두 번째 발자국에 피어오른 연꽃은 카필라성의 생활을 보이는 연꽃이다. 태자가 궁중 생활의 모든 것과 동서남북의 문밖을 다니면서 생로병사를 알게 하는 사문유관상四門遊觀相을 보여주는 연꽃이다.

세 번째 발자국에 피어오른 연꽃은 국왕의 자리와 부모와 가족을 버리고 사천왕 등의 도움으로 밤중에 말을 타고 성곽을 넘어 출가하는 유성출가상瑜城出家相을 보여주는 연꽃이다.

네 번째 발자국에 피어오른 연꽃은 태자가 출가한 뒤 설산에서 고행하는 설산수도상雪山修道相을 보여주는 연꽃이다.

다섯 번째 발자국에 피어오른 연꽃은 태자가 마왕 파순이의 공격과 유혹을 물리치고 깨달음을 얻는 수하항마상樹下降魔相을 보여주는 연꽃이다.

여섯 번째 발자국에 피어오른 연꽃은 깨달음을 얻은 석가모니불이 녹야원에서 다섯 비구에게 최초로 설법하는 녹원전법상鹿苑轉法相을 보여주는 연꽃이다.

일곱 번째 발자국에 피어오른 연꽃은 쿠시나가라에 있는 두 그루의 사라수 아래에서 80세의 생애를 마치고 오른쪽 옆구리를 땅에 닿게 누운 자세로 열반에 드시는 쌍림열반상雙林涅槃相을 보여주는 연꽃이다.

이같이 태자가 이 세상에 출생하여 출가하고 수행하여 부처를 이루어 중생을 제도하고 열반하는 일생을 한 편의 드라마를 연꽃으로 보여주었다. 이것이 비로자나불의 화현신化現身으로 중생을 제도하는 모습으로 도솔천에서부터 시작하여 인간계에 내려온 석가모니불의 아름다운 일대사인연을 보인 것이다. 싯다르타 태자는 비로자나불로부터 화현하여 룸비니동산에 출생한 연꽃에서 이미 사바세계의 모든 중생을 제도해 마쳤다. 룸비니동산 이후의 모습은 모두 방편의 가르침인 것이다.

●
또 하나의 룸비니 동산

희망과 평화와 행복을 상징하는 룸비니동산, 태자가 이 땅에 온 것
은 중생의 희망이요, 인류에 평화와 행복을 나누는 자비행이다. 그
러나 태자에게 룸비니동산은 무상無常의 진리를 일깨우는 시련의 출
발지이기도 하다.

      어머니인 마야부인이 태자를 낳은 뒤 룸비니동산에서 7일 만
에 열반에 들어 도리천으로 올라간다. 당시의 상황을 순수인간으로
생각 해보자. 정반왕은 마흔이 넘었으므로 마야부인 또한 적지 않
은 나이에 임신이 되어 원만한 출산이 어려웠을 듯하다. 오른편 옆
구리로 들어왔다가 오른편 옆구리로 탄생하신 태자, 마야부인이 태
자를 출산하고 일주일 만에 세상을 떠난 것도 의술로는 순산하기
어려운 출산이었으니 어찌 후유증이 없었겠는가? 태자 출생의 소
식을 듣고 기쁨의 마음으로 달려온 정반왕은 마야부인에게 고마움
을 표하고 태자를 보는 순간 '자기의 소원을 모두 이루어주는 사람'
이란 뜻으로 '싯다르타'라고 이름하였다. 마야부인은 불편한 몸으로

정반왕께

"나에게는 태자를 출생하는 인연은 있지만, 양육시킬 인연은 없습니다. 태자를 양육시킬 인연은 나의 동생 마하파사파제摩訶婆斯婆提**에게 있습니다. 그를 왕비로 맞이하여 양육하게 하세요."**

이때 정반왕의 마음이 어떠했겠는가? 동생 백반왕도 태자보다 조금 늦은 시간에 제바달다 왕자를 출생하여 큰 잔치를 열고 있는데, 정반왕은 청천벽력과 같은 마야부인의 말에 하늘이 무너지는 것과 같은 슬픔에 잠겨 조용하게 마야부인을 지켜볼 뿐이다. 싯다르타 태자는 어머니와 함께 7일간을 룸비니동산에 머물렀다. 7일이 되는 날 마야부인은 이 세상의 명을 마치고 33천 중 하나인 도리천에 올라갔다.

정반왕은 푸스카르니九龍池 앞의 조그마한 언덕에 장례를 치르고, 다음날 태자와 함께 카필라성으로 돌아온다. 오는 길에 많은 석가족 사람들은 저마다 궁전을 마련하여 싯다르타 태자를 자기네 궁에서 머물다 가기를 원하였다. 외가에서 태어난 아들은 자기 집으로 돌아가기 전에 친척집을 들려야 하는 것이 석가족의 또 하나의 풍습이다. 싯다르타가 친척집을 돌아 카필라성에 돌아온 것은 출생 후 100이 지난 뒤였다.

궁으로 돌아온 정반왕은 마하파사파제 공주를 왕비로 맞이하였다. 마하파사파제 공주는 마야부인의 동생으로 천비성 선각왕의 여덟 번째 공주이다. 정반왕은 싯다르타 태자를 양육하기 위하

룸비니 마야부인 묘원

여 32명의 보모를 두었다. 8명은 안아주는 보모, 8명은 목욕시키는 보모, 8명은 젖먹이는 보모, 8명은 놀아주는 보모였다. 이로써 싯다르타 태자는 카필라성에서의 생활이 시작된다. 싯다르타 태자 출생으로 한껏 아름다워진 룸비니동산은 다른 불적지와 마찬가지로 외래종교에 의하여 파괴되고 땅에 묻혀 흔적을 찾을 수 없었다. 다시 세상 밖으로 나온 것은 1896년 마야사찰 서쪽에서 아소카왕이 세운 석주가 발굴되면서 우리들에게 돌아온 것이다.

1986년 12월 참배하였을 때, 마야당은 힌두승려가 기도하는 힌두사원이었다. 싯다르타 태자가 태어날 때 마야부인이 잡은 당시의 무우수는 사라지고 지금의 것은 제4대 무우수이다. 구룡지푸스카르니 옆 잔디에 앉은 나의 모습을 구룡지 물 위에 비추어 본다. 마야부인이 목욕하였고 태자의 몸을 관정한 청정한 물이 고여 있었던 연못, 그 옛날 이곳을 참배했던 수행승들은 흔적을 찾지 못한 체 목욕하기도 했다 한다. 1997년 일본의 도움으로 발굴 작업을 하면서 '탄생지'라 쓴 표지석과 석가 탄생도誕生圖가 발굴되었다. 그 자리에 건물을 세우면서 제4대 무우수는 사라졌다. 이제 남아있는 것은 아소카왕 석주만이 옛 모습 그대로이다. 석주 상단에 올려놓았던 말의 조각상은 악룡惡龍의 벼락으로 석주는 가운데쯤에서 부러져 땅으로 넘어져 찾지 못하고 흔적만 남아있다. 인연의 시간이 되면 어디에선가 나타나리라 생각한다. 아소카왕은 인도 전역에 수많은 불탑과 사원 그리고 석주를 세웠다. 그 가운데 룸비니에 있는 것이 가장 오래되었으며, 문자가 새겨진 유일한 석주이다.

현재 탄생지를 발굴1992년 이후하기 위하여 덮은 흰색 건물 내부의 마야 승원 건물터를 신발 벗고 안으로 들어가면 태자가 태어날 당시의 웅장했던 승원 잔해가 발굴단계로 있다. 승원 안에는 태자의 탄생 장면을 묘사한 오래된 부조浮彫가 눈에 들어오며, 태자의 왼쪽 발바닥 족적足跡이 유리 덮개 속에 보존되어 있다. 탄생상 오른쪽을 보면, 마야 왕비가 무우수 나뭇가지를 움켜쥔 채 태자의 출생 장면, 그 아래 중간쯤에는 태어난 태자가 광배光背를 드리운 채 연꽃 위에 서 있는 모습, 그리고 왼쪽에는 창조신[제석천] 브라흐마가 태자를 받쳐 들었고, 두 천녀天女가 왕비를 시중들고 있는 장면이 있다. 이 부조는 11~15세기 네팔의 카르날리 지방에서 융성했던 나가왕조의 통치자 말라왕이 조성한 것이라 한다. 참으로 인간다운 모습이 조각되어 있음을 알 수 있다.

●

당시의 천축국

위대한 분의 발자취가 남아있는 탄생성지를 참배하면서 다시 한번
모든 것이 무상하다는 것을 생각한다. 영원한 것이라고는 아무것도
없다. 싯다르타 태자의 일생 역시 무상이다. 인간 세상의 역사는 모
두 무상한 것이다. 무상의 싯다르타 태자가 아닌 영원한 태자를 생
각해 본다. 현교적인 부처님이 아닌 밀교적인 부처님을 생각하고자
한다. 싯다르타를 가장 인간적인 면에서 역사적으로만 생각하였다
면 오늘까지 그분의 가르침이 존재하였겠는가? 다시 머리 숙여 거
룩한 부처님께 귀명 예를 올린다. 태자의 아버지인 정반왕은 그 옛
날 인도의 작은 나라의 성주였다. 넓은 인도에서 카필라성을 비유
하면, 삼한 시대에 6가야 가운데 하나의 가야국 정도였을 것이다.
카필라성의 역사를 보면,

옛날 일종日種씨는 일찍이 포오탈라카浦陀羅宮에서 나라를 세우
고 농지를 개척하고 인민들을 다스렸다. 그 후손 모초왕茅草王

은 구담瞿曇씨라 하였고, 그 후손 감자왕甘蔗王에 두 왕비가 있었다. 첫째 왕비는 장생長生왕자, 둘째 왕비는 거면炬面 = 照目, 금색金色 = 聰目, 상중象衆 = 調伏象, 별성別成 = 尼樓의 네 왕자를 출생하였다. 제1 왕비가 아들의 왕권을 강화하기 위하여 제2 왕비의 넷 왕자를 질투하여 왕에게 간청하여 죄 없는 넷 왕자들을 나라 밖으로 쫓게 하였다. 국왕에게 버림받은 넷 왕자는 권속과 함께 강을 건너 북쪽 설산으로 향하였다. 넷 왕자는 아름다운 자연을 발견하고 기뻐하며 머물렀다. 이곳이 옛날 가비라迦毘羅 = 카필라라는 선인이 수도하던 곳이다. 사이림舍夷林 가까이 성을 쌓고 나라를 세우게 되었다. 훗날 감자왕은 네 왕자를 찾아보고 "아! 우리 아들은 지혜와 재능이 있다." 찬탄하면서 "석가釋迦!"라고 하였으므로 성씨가 된 것이다. 세 왕자가 차례로 죽고 넷째 별성왕이 카필라성을 다스렸다. 그 뒤를 구로왕象頭羅 → 구구로왕懼頭羅 → 사자협尼休羅 왕으로 이어졌다. 사자협왕에 네 아들을 두었다. 그 가운데 장자가 정반왕淨飯王 = 숫도다나이다.

카필라성에는 정반왕이 다스리고, 백반왕, 곡반왕, 감로반왕 형제들이 함께 생활하고 있었다. 주변에는 16국이 있었다. 부족국가가 많을수록 전쟁은 끝이 없다. 영토 확장과 권력을 위하여 끝없는 전쟁으로 백성들의 시달림은 이루 헤아릴 수 없이 많았을 것이다. 모든 나라의 왕들과 백성들은 하나같이 인도 전역을 전쟁 없이 통일시킨다는 전륜성왕이 태어나기를 기다렸다. 석가족의 왕들도 마찬가지로 전륜성왕이 태어나기를 기다렸다. 이러한 시기에 싯다르

타가 출생한 것이다. 싯다르타와 제바달다는 같은 날 태어났다. 제
바달다를 얻은 백반왕이 큰 잔치를 베푼 것은 이러한 염원에서 베
푼 잔치이다. 싯다르타 태자의 형제들을 보면, 정반왕Śuddhodana은
싯다르타悉達多와 난타難陀, 백반왕Śuklodana은 제바달다提婆達多=調達,
아난다阿難陀. 곡반왕Droṇodana은 아나율阿那律, 발제리가跋提梨迦. 감
로반왕Amṛtadana은 마하남摩訶男, 제사提舍이다.

부처님은 우리와 똑같은 인간이었다. 신도 아니요 특별한 존
재도 아니며, 보통사람처럼 태어난 분이었다. 모든 예언가는 전륜
성왕이나 성자가 될 32상을 타고난 분이라고 칭찬하면서 고귀하게
생각하였다. 태자는 아사타阿私陀 선인의 예언대로 성자의 길을 택
하였기에 오늘까지 그 분의 행동은 하나하나를 존경하고 받드는 것
이다. 우리와 같은 인간이면서 수행하여 깨달음을 얻은 성자이다.
진정으로 인간 가운데 가장 뛰어난 인간 싯다르타이다. 누구보다도
부귀영화를 누리면서 즐겁게 일생을 살아갈 수 있는 사람인데, 어
떻게 사랑하는 가족과 왕위를 버리고 설산에 머무르고, 정글 속으
로 들어갈 수 있겠는가? 보통사람의 근기로는 도저히 감당하기 어
려운 삶을 선택하신 것이다. 깨달음을 얻은 다음 오로지 중생을 해
탈시킨다는 일념으로 잠시도 쉬지 않고 사바세계娑婆世界를 다니면
서 법을 전하였다.

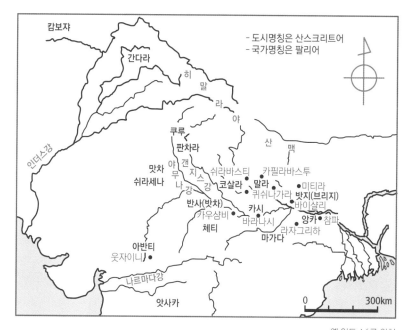

옛 인도 16국 위치

●

과거 7불의 성지와 가까운 카필라성

카필라성은 부처님의 나라로써 천축국 히말라야산맥 아래 있는 작은 국가이다. 지금은 네팔이지만 그 옛날은 인도였다. 룸비니동산은 카필라성의 북쪽에 있는 천비성의 영지이다. 국적은 네팔인데 인도로 알고 있는 분들이 많다. 2013년 처음으로 한국 교과서에 네팔로 기재되었다. 어둠이 깔리는 저녁 무렵에 카필라성 터를 찾았다. 카필라성의 동편 240㎞를 거리에 바라나시가 있고, 남으로 120㎞를 가면 파트나이다. 성의 동문으로 나가면 마야부인이 출산하기 위하여 친정집인 코살라국으로 가는 도중 28㎞에 룸비니 동산이 있다. 카필라성은 현재 폐허가 되어 잡초만이 무성한 가운데 서문에서 동문으로 향하였다. 늦은 시간인데 잡초가 우거진 수풀 사이에 사람들이 모여 의식을 집행하는 모습이 보였다. 동문 밖에 있는 정반왕 무덤을 돌아보았다. 현재 카필라성 터 동편으로 22㎞ 정도 떨어진 지역에 석가족 제58세 후손들이 살고 있다. 제25세부터 이곳으로 이주하여 살고 있었다는 것이다. 후손들의 생활비는 불교연합

회에서 찬조하고 있다. 카필라성을 중심으로 이 지역은 과거 7불 가운데 4불이 출생한 인연 깊은 곳이다. 카필라성 남쪽에는 현겁賢劫 천불의 제1불인 구류손불拘留孫佛 탄생지가 있고, 성의 서쪽에는 현겁 천불의 제2불인 구나함모니불俱那含牟尼佛 탄생지가 있고, 북쪽에는 현겁 천불의 제3불인 가섭불迦葉佛 탄생지가 있다. 남쪽으로 내려가면 밧지족이 살던 곳으로 자이나교의 창시자인 마하비라의 탄생지이기도 하다. 모두 성인들이 태어나는 좋은 땅이다. 이러한 곳을 밟는 것도 큰 복을 짓는 것이다.

성인들이 태어난 훌륭한 땅 카필라성, 싯다르타 태자는 일반적인 풍습에 따라 7세에 비사밀다 스승으로부터 문자와 언어교육을 받았다. 8세에서 12세까지 크샨티데바 스승으로부터 무예와 병법을 익혔다. 모든 부분에서 스승을 능가하게 되었다. 더 이상 배울 것이 없었다. 15세에 봄, 강가恒河 강물로 태자가 되는 관정의식을 올렸다. 관정 받은 태자는 농경제에서 약육강식弱肉强食하는 모습을 보고 나무 그늘에서 명상에 잠기기도 하였다. 그러고 사대문 밖에서 노老·병病·사死와 수도승을 보고 출가의 뜻을 세운다. 이렇게 동문으로 출가의 길을 떠날 때까지 카필라성에서 생활한다. 정반왕은 태자가 출가의 뜻을 접고 전륜성왕의 길을 택하도록 궁중 생활을 더욱 호화롭고 즐거운 생활을 할 수 있도록 여러 가지 방편을 동원하였다. 겨울을 지내는 난전暖殿과 봄가을을 지내는 온전溫殿과 여름을 지내는 양전凉殿의 삼시전三時殿을 지었으며, 세 명의 태자비를 두어 보필하도록 하였다. 첫째 태자비가 야수다라耶輸陀羅요, 둘째가 마노다라

摩奴陀羅이며, 셋째가 교담미喬曇彌이다. 태자 나이 29세가 될 때 야수다라가 왕자를 출산하였다. 싯다르타는 "라훌라가 태어났구나." 하였다. 그것이 왕자의 이름이 되었다. '라훌라'란 부장覆障, 장애障碍, 월식月蝕이라는 뜻이다. 싯다르타는 세손世孫의 출생으로 출가할 때가 되었음을 알았다. 당시 바라문의 율법은 자식을 출생한 연후에 출가하는 것이다. 자식을 두지 않고 출가하는 것은 악덕惡德으로 생각하였다.

●

유성출가상 踰城出家相

유성출가상은 호화스러운 궁중 생활을 떨쳐 버리고 성城을 넘어 출가함을 말한다. 싯다르타는 부왕을 찾아가 출가를 허락해줄 것을 청하였다. 부왕은 "나라를 이을 사람도 없는데 어찌 출가하려 하는가?" 하고 만류하였다. 싯다르타는 야수다라와 함께 향락을 즐기면서 생활하였다. 그러는 중에 야수다라는 잉태하였다. 야수다라는 그날 밤에 여덟 가지 꿈을 꾸었다.

> 첫째, 그의 친정집이 모두 파산하는 것
>
> 둘째, 싯다르타 태자와 같이 앉았던 평상이 저절로 다리가 부러지는 것
>
> 셋째, 그의 두 팔이 문득 저절로 부러지는 것
>
> 넷째, 그의 치아가 전부 빠지는 것
>
> 다섯째, 그의 머리털이 모두 빠지는 것
>
> 여섯째, 길상신吉祥神이 모두 집 밖으로 나가는 것,
>
> 일곱째, 월식月蝕하는 것,

여덟째, 해가 동방에 솟았다가 곧 지는 것

등이다.

싯다르타 태자도 다섯 가지 꿈을 꾸었다.

첫째, 그의 몸이 대지 위에 누워 머리는 수미산을 베고 왼손은
　　　동해에 들어가고 오른손은 서해에 들어가며 두 발은 남해에
　　　들어가는 것
두 번째, 가슴 위에 길상초가 나서 높이 허공에 솟는 것
셋째, 모든 흰 새의 머리가 흙색으로 변하여 싯다르타 태자에
　　　경례하고 허공에 오르려고 하나 싯다르타 태자의 무릎 앞을
　　　지나지 못하는 것
넷째, 사방에 잡색의 새들이 보살 앞에 이르러서 모두 동일색同一色
　　　으로 변하는 것
다섯째, 더러운 세상에서 싯다르타 태자가 거니는 것

등이었다.

　　야수다라는 걱정하여 싯다르타 태자에게 말하였으나 모두 좋
은 쪽으로 해몽解夢하였다. 그러나 태자는 모두 자신의 출가를 예언
한 것으로 알았다. 싯다르타 태자의 꿈도 마찬가지이다. 출가하면
아뇩다라삼먁삼보리阿耨多羅三藐三菩提를 얻을 징조임을 알았다. 그 후

야수다라는 출산하여 아들인 라훌라가 태어났다. 싯다르타 태자는 아들 라훌라가 한편으로는 장애이지만 한편으로는 왕위를 이을 세손이 태어났으니 기뻤다. 라훌라의 출생을 보고 오늘이 곧 출가 일이라는 것을 알았다. 싯다르타 태자는 출가의 결심을 하고 마부[侍從官] 찬다카[車匿]에게 밤에 성을 나가 출가할 것이니 말을 준비하라고 하였다. 그리고 오늘 하루만이라도 부왕과 부인, 그리고 모두와 즐거운 한때를 보내기로 마음먹었다. 무희들이 춤을 추고 악사들의 노래에 기뻐하는 모습을 보이었다.

그날 밤 모두가 잠든 왕궁에서 싯다르타 태자는 마지막 작별인사를 하였다. 태자의 일을 근심하고 있는 부왕, 아들을 안고 곤히 잠들은 야수다라, 성안은 모두 깊은 잠에 빠져 있었다. 다만 마부 찬다카와 애마 칸다카만이 잠들지 않았다. 깊은 잠에 빠진 무희와 악사들을 말없이 둘러본 싯다르타는 마부 찬다카가 준비한 칸타카[犍陟]를 타고 성을 나왔다. 부왕은 언제 있을지 모르는 태자의 출가를 막기 위하여 엄명을 내려 성문城門을 굳게 닫고 많은 무장한 군사들이 성문을 지키게 하였다. 싯다르타 태자의 주변에는 항상 천상에서 내려온 천신들이 보호하고 있었다. 성을 나서는 태자 앞에 굳게 닫힌 성문도 힘없이 열리었다. 찬다카는 물론 여러가지 말로 태자의 출가를 막아 보려 하였으나 뜻을 이루지 못하고 말고삐를 잡고 함께 동문을 넘어 나왔다.

싯다르타를 태우고 카필라성 동문을 출발한 칸다카는 천리를 달리는 준마이다. 밤을 도와 아침까지 달려 아나바마 강가의 코올리아 족이 사는 라마아 촌에 이르렀다. 이곳은 카필라성과 쿠시나가라의 중간지점으로 발가선인跋伽仙人= Bhārgava의 수행림이다. 지금도 탑이 있다. 태자는 깊은 숲속으로 들어가 고요한 곳에 앉아 명상에 들었다. 명상에서 깨어난 태자는 손수 머리카락을 자르고 지나가는 사냥꾼과 옷을 바꿔 입었다. 그리고 금관과 칼과 머리카락과 일체 장신구는 부왕에게, 패물들은 마하 파사파제와 야수다라에게 전하도록 마부 찬다카에게 부탁하면서 칸타카와 함께 카필라성으로 돌아가 태자가 출가하였음을 알리게 하였다.

"부왕께 태자는 없다고 생각하여 잊으라고 말씀드려라."

하며 부탁하였다. 덧붙여

"내가 출가함은 세속을 떠나기 위해서가 아님이요, 지혜와 자비의 길을 찾기 위하여서이며, 내 희망이 성취되면 돌아갈 것입니다."

전하라고 당부하였다. 찬다카는 하는 수 없이 울면서 칸타카 말 등에 금관과 칼과 머리카락과 장신구와 패물이 싣고 태자 곁을 떠났다.

싯다르타 태자의 염원과 찬다카의 준마로 하룻밤을 달려왔던 길을 카필라성으로 되돌아가는 데는 7일이 소요되었다. 함께 왔던 태자를 뒤로하고 출가의 소식을 가지고 카필라성으로 돌아가는 발걸음이 천근을 짊어진 듯 무거웠다. 7일 만에 카필라성 동문으로 들어가 정반왕께 태자의 출가 소식을 전하였다. 주인을 떠나 성으로 돌아온 칸다카는 식음을 전폐하고 시름시름 앓다가 죽었다. 칸다카의 무덤 흔적이 동문 밖에 있다. 싯다르타를 잃은 카필라성은 수심에 잠기고 모든 의욕을 잃은 성이 되었다. 이로써 싯다르타는 출가하여 보살의 길을 가게 된 것이다.

●

룸비니 동산, 아소카왕의 석주

아소카왕은 인도에서 최초의 통일국가를 형성하고 인도 전역에 불
교를 전파한 왕이다. 아소카왕은 국가 통치를 불교의 가르침에 따
라 다스리는 왕이었다. 왕의 업적을 기린 돌기둥石柱이 곳곳에 세워
진다. B.C.239년, 왕은 룸비니를 방문한 기념으로 제석천이 태자를
꽃단으로 받았던 스투파 쪽에서 멀지 않은 곳에 큰 돌기둥을 세웠
다. 석주 상단에는 말馬 모양이 만들어져 있는데, 높이 7.2m이며, 다
음과 같은 글귀를 새겨 넣었다.

> 많은 신의 사랑을 받은 아소카왕이 즉위한 20년이 지나 친히 이
> 곳을 찾아 참배했다. 여기서 석가모니불이 탄생하셨다. 돌로 말
> 의 형상을 만들고 석주를 세워 이곳에서 위대한 분이 탄생했음
> 을 경배하며, 룸비니 마을은 조세를 감면하여 생산물의 $\frac{1}{8}$만 징
> 수하도록 한다.

당시만 해도 인도 전역에서는 생산량의 $\frac{1}{6}$을 세금으로 징수하고 있
었다. 아소카왕은 성인이 태어난 거룩한 땅, 룸비니 백성의 부담을
덜기 위해 조세를 $\frac{1}{8}$로 줄여준 것이다. 조세의 원리를 보면, 땅의 모

양을 금강계 9회 만다라의 법칙을 준한 것 같다. 9회 만다라 도형과 전화기 자판처럼 1~9까지 3단으로 배열한 것으로 중앙의 5를 둘러싸고 있는 모양이다. 중앙 5를 중심으로 위로 1, 2, 3, 좌에 1, 4, 7, 우편에 3, 6, 9. 아래에 7, 8, 9의 숫자가 있다. 중앙은 곧 왕[비로법신]이며, 4방 4우[聞方＝신하와 백성]가 중심의 5를 에워싸고 있는 형국이다.

중국의 홍범구주洪範九疇에 나타난 국가 통치법도 이와 비슷하다. 백성들이 중앙 5를 둘러싼 8방의 농토에서 각각 농사지어 수익을 갖게 하고, 중앙 5의 부분은 8방의 농부가 함께 농사지어 전부를 5[王]에 바치게 했다. 이것을 아소카왕이 세금 징수법에 적용한 것이다.

밀교의 금강계만다라의 원리를 보다 세분화한 것이 미얀마에서 8만장경을 729개의 돌에 새긴 석경이다. 원리는 중앙의 성신회에서 제1차 9를 곱하여 9회 만다라가 탄생하고[1×9], 9회 만다라에서 제2차 9를 곱하여 81의 만다라가 형성되며, 81의 만다라에서 제3차 9로 곱하면 729의 만다라가 구성된다. 이 원리로 제4 만다라[6561], 제5 만다라[59049]로 이어지면 무한대의 만다라가 형성된다. 그러므로 삼라만상이 모두 금강계만다라 성신회의 권속이 되며, 성신회의 주존이 비로자나불이다.

●

네팔의 카트만두

인도 성지를 순례하면서 반드시 돌아보는 도시가 네팔 카트만두이다. 룸비니동산이 있는 네팔은 히말라야산맥 남쪽에 자리하고 있다. 네팔은 산 부자나라이다. 세계에서 8,000m 이상의 높은 산이 19개 있는데 이 가운데 14개가 네팔에 속한다.

히말라야산맥을 보면 자유로운 평화의 기운이 감도는 신비의 설산이다. 산이 높은 곳에 골이 깊고, 골이 깊은 곳에 물이 맑으며, 물이 맑은 곳에 넓은 들이 있어 이곳에 위대한 인물이 태어난다. 그러므로 4불佛의 고향인 이곳에서 많은 성자聖者가 태어나는 것이다.

현재의 네팔은 56개 부족이 공존하는 나라로, 인구 중에 80%가 힌두교 신자이면서 불교도이다. 불교는 티베트불교 영향을 받아 대부분 밀교의 사상을 지니고 있다.

그 옛날 역사에 15개국의 왕이 합심하여 나무로만 지었다는 카트만두 궁전. 돌과 벽돌 흙으로만 짓던 시절에 처음으로 나무로 집을 지었다는 뜻에서 유래된 이름이 카트만두이다. 지금도 궁성 안에 집들이 나무를 조각하여 만든 집들이 대부분이다. 국왕은 카트만두 궁전 9층의 누각 위에 기거하면서 창문을 통하여 백성들의 삶을 살피면서 가난을 없애고 병고를 없애면서 편안하게 살도록 하였다는 것이다. 산스크리트어 팔리어를 배우며 힌두교의 사상과 하나가 되어 있는 나라이다. 돌과 나무를 섬세하게 다루는 민족으로 동네Arery마다 사찰이 있다. 그 옛날과는 달리 지금은 사찰은 많은데 승려가 적다. 밀교적 요소가 많은 나라로서 가는 곳마다 육자진언이 새겨져 있다. 심지어 호텔계단 난간에도 육자진언의 마니륜摩呢輪이 있다. 마니륜 속에 진언이나 경전을 써서 넣는다. 한번 돌리면 돌아가는 만큼 속에 써놓은 진언의 수를 부르는 것과 같은 공덕이 있다고 믿는다. 수도 카트만두Kathmandu를 중심으로 박다풀Phak Tapur. 파담Padam 등 3대의 옛 도시와 보드낫Bod Nath, 쇼얀보Soyanbou, 파수파티 낫Pasupati Nath 등의 3대 사원이 있다.

박다풀 왕궁
Bhak Tapur

박다풀 왕궁은 14세기 창건된 궁전으로 네팔 25개 왕국 가운데 하나이다. 그중에 가장 왕성한 왕국이 카트만두와 박다풀과 파트나[파담]왕국이다. 800년의 역사를 지닌 왕궁, 박다풀 왕궁은 지금으로부터 190여 년 전에 사라진 왕국이다. 그러나 국민들은 왕이 통치하든 민주주의가 통치하든 그것에는 상관하지 않고 궁전 자체만 빼고 궁성의 옛 건물에 자연스럽게 내 집으로 생활하고 있다. 삶의 주변에는 옛것이 그대로 보존하면서 함께 생활하고 있다. 문화재라는 차원으로 보호하는 우리의 상식과는 전혀 다른 삶이다. 옛 궁전 건물에서 운영하는 찻집에서 차도 마시고 점심 공양까지 하였다. 찻집에서 내려다보이는 궁안 마을 공동 우물가에서 물을 긷고 빨래하고 목욕하는 풍경은 과거와 현재의 조화를 이루는 자연 그대로의 모습이다. 이러한 모습이 과거의 삶도 그러했고 현재의 삶도 그러하며 미래의 삶도 그러할 것이다. 아무도 시대를 거역하거나 새로운 생각을 하지 않고 모두 현재의 삶에 만족하고 있다. 이곳은 역사는 만들어지는 것이 아니라 자연의 삶 속의 흐름이라는 것을 생각하게 하는 곳이다. 불교와 힌두교가 섞여 있는 궁, 수백 년 된 건물을 지금의 건물처럼 생각하고 새로운 건물들을 증축하면서 옛과 지금이 함께 어우러져 생활하고 있다. 다만 세월이 옛과 지금이 있을 뿐이다. 집은 지금의 내가 사는 집이 옛집이요 옛날 집이 지금의 내가 사는 집이다. 조상이 물려준 그곳에서 800여 년을 자연스럽게 이어온 것이다. 그리고 앞으로도 계속 이렇게 이어갈 것이다. 1,000년의 사이를 오가는 네팔인들, 다시 한번 그 생각의 광대함에 놀라지 않을 수 없다.

쇼얀 부 낫
Sham bhu Nath

쇼얀 부 사원. 네팔의 불탑 중에 가장 오래된 탑이 있다. 해발 1,300m의 높은 고지대에서 카트만두 시가지를 한눈에 볼 수 있는 곳으로 원숭이들의 천국으로 원숭이 사원이라고도 불리 운다. 쇼얀부 사원의 '쇼얀(Sham)'은 스스로 생겨난, 또는 천개의 연잎이 있는, 또는 부처님의 빛이 나타난 곳이란 뜻이요, '부(bhu)'는 '땅', '낫(nath)'은 '사원'이란 뜻이다. 석가모니불 탄생 이전에 이곳에 옛 부처님의 성전이 있었다. 현재 쇼얀부 중앙의 탑은 비로자나불을 본존으로 금강계만다라를 형성한 불탑이다. 과거 7불 가운데 제3 비사부불(毘舍浮佛 = 제4불)은 카필라성 주변의 성전이었다. 비바시불(毘婆尸佛 = 제1불), 시기불(尸棄佛 = 제2불)이 목욕하던 장소, 목욕 후 대지진을 일으켜 호수 중앙에 땅을 만들고, 연뿌리(쇼얀 부)를 던져 마하 비로자나불의 빛이 나타난 곳이다. 또 일설에는 호수인 이곳에 문수보살 또는 금강살타보살이 화현하여 동남쪽 산을 갈라 고여 있는 호수의 물이 흐르게 하여 분지를 만들고, 그 분지에 육도화를 던져 육도화가 떨어진 자리에 1,000개 꽃술을 가진 연꽃이 피었으며, 그 뿌리의 끝부분에 세운 사원이 '쇼얀 부 낫'이다. 비바시불 이후에 구나함모니불, 구류손불, 가섭불이 방문한 성스러운 곳이다. 석가불 이전에 이미 과거 6불이 네팔에서 탄생하고 석가모니불이 룸비니동산에서 출생한 것은 우연한 것이 아니다, 이것은 곧 석가모니불이 법신의 화신불이라는 것을 증명하는 것이다. 현재 서편으로 들어가는 사원 입구에 세계평화를 상징하는 불상을 보았다. 조그마한 인공호수에 입불(立佛)을 세우고 부처님 앞에 지구본을 만들어 바라보도록 조성되어 있다. 지구본을 지나 계단을 올라 중앙탑에 이르면 5원소[地·水·火·風·空]의 탑이 있다. 탑 옆 귀자모원(鬼子母院) 앞에서는 티베트 승려가 밀교의식을 행하고 있었다. 귀자모원 옆 법당 안 입구에는 마니륜(嘛呢輪)이 있고, 벽장 속에는 많은 경전이 진열되어 있다. 이 사원에 원숭이가 많은 것은 티베트인의 조상이 원숭이 여섯 마리인데 그 중에 한 마리의 고향이 이곳이라는 것이다. 여섯이란 수는 분지에 처음 던진 1,000개의 꽃술을 가진 육두화를 말하며, 육두화는 곧 육자진언을 뜻한다. 네팔이 티베트의 영향을 받아 육자진언의 밀교를 좋아하는 것도 예로부터 내려온 인연 때문임을 알 수 있다.

인간, 석가모니불을 만나다

이슬로만 건립하였다는 세계에서 제일 큰 불탑 '보드 낫'은 '보드가야'와 같은 의미를 지니고 있다. 4세기에 조성된 이 사원은 1984년 유네스코 세계문화유산으로 등재되었다. 옛날 이곳은 물물교환의 장소로 이용되었다고 하는데, 그 전통이 남아있어서인지 현재 탑 주위에는 상가가 즐비하다. 탑의 유래를 보면, 나라에 가뭄이 심하여 왕이 비를 내리게 하기 위한 기도를 올리는 어느 날 밤, 왕의 꿈에 사람을 제물로 바치면 비가 내릴 것이는 꿈을 꾸었다. 꿈을 얻은 왕은 왕자에게 왕위를 선양하며 "네가 이 가뭄을 해소하여 백성으로부터 성군의 칭호를 듣는 왕이 되라."고 했다. 이와 함께 가뭄을 해소하는 방법도 일러 주었다.

"내일 새벽 일찍 아무도 다니지 않는 시간에 성 밖을 나가 하얀색 천이 덮인 것을 칼로 자르거라. 그러면 비가 온다."

왕이 된 왕자는 선왕인 아버지의 말씀대로 새벽 일찍 아무도 모르게 궁을 나와 흰색 천으로 덮인 물건을 찾아 그것을 주저없이 잘랐다. 그순간 하얀 천 밖으로 쏟아지는 피를 보고 놀라서 들춰보니 다름아닌 자신의 아버지였다. 왕자는 놀랍고 두려워서 바즈라요기니 여신을 찾아가 전후 사정 이야기를 하였다. 바즈라요기니 여신은

"아버지를 죽인 장소에 불탑을 세워라. 다만 물을 사용할 수 없다."

그 말에 왕자는 이 터에 흰색 천을 깔아 밤마다 내리는 이슬을 받아 그 이슬로 흙을 이겨 탑을 조성하였다. 참회의 눈물도 함께 받았다. 그렇게 12년이 흘러 참회의 눈물 탑이 완성되었다.
그 뒤, 이곳을 찾는 많은 참배객들은 흰색 횟가루를 탑에 뿌린다. 즉 참회의 흰색 가루를 뿌리는 것이다. 현재도 탑을 오르는 정문 입구에서 흰색 횟가루를 팔고 있으며 참배객은 탑 위에 가루를 뿌리면서 참회의 참배를 한다. 탑의 구조는 대탑의 기초 사각형은 땅[地]을 상징하며, 사각형 위에 둥근 모양은 물

[水]을 상징하고, 얼굴이 있는 부분은 불[火]을 상징하며, 위의 13개의 원형은 바람[風]을 상징하고, 하늘을 향한 창의 모양은 허공[空]을 상징한다. 특히, 얼굴 부분은 입도 없고 귀도 없다. 다만 수평의 두 눈과 수직의 눈이 있다. 이것은 진리는 말로 하거나 귀로 들을 수 있는 것이 아니며, 수평의 눈으로 보고 수직의 눈을 얻어야 한다는 뜻이다. 그리고 눈 아래에 모양은 코가 아닌 숫자 1이다. 이것은 하나 진리를 상징한다. 부처님의 탄생지 룸비니동산을 두 눈으로 보고, 제3의 눈을 얻어 비로자나불이 싯다르타 태자의 몸으로 나타난 그 참뜻을 알아야 할 것이다. 비로자나이든, 자연이든, 법계든, 빛이든 모두 하나인 것을, 하나는 우주 법계에 가득한 하나인 것이다[一中一切多中一].

무상정등정각의 보드가야로 향하면서 보드 낫의 대탑을 다시 바라본다. 참회의 눈물로 이룩한 대탑으로 제3의 눈을 얻은 어느 왕을 사연을 뒤로하고 저 멀리 동해의 아름다운 섬, 우뚝 솟은 성인봉 남단에 펼쳐진 금강원의 장엄을 생각해 본다. 동해의 고도에 있는 금강원의 장엄은 언제 어떻게 이루어질 것인가? 장엄은 모양의 화려함이 아니다. 있는 그대로 자연과 조화를 이룸이 최고의 장엄이며 최고의 아름다움이 될 것이다.

"자비한 가르침에 머리 숙여 합장합니다."

인간, 석가모니불을 만나다

II
보드가야, 깨달음의 성지

보드가야에 불교 성지 가운데 가장 신성한 대보리도량. 탄생지 룸비니, 최초의 설법지 녹야원, 열반지 쿠시나가라와 함께 불교의 4대 성지로 꼽는다. 석가모니불이 무상정각(無上正覺)을 이룬 자리 대보리도량에는 마하보디 대탑, 금강보좌(金剛寶座), 불족석(佛足石), 보리수가 남아있다. 조금 떨어진 곳에 석가모니불이 수행을 위해 홀로 올랐다는 전 정각산과 유영굴(留影窟)이 있다.

보드가야로 가는 길,

"거룩한 부처님께 귀명歸命합니다."

발길 닿는 마을마다 신성한 장소에는 반드시 서원탑이 있다. 흰색 파란색 등 원색으로 칠해져 있다. 12월이면 제를 지낸다. 인도는 지하자원으로 석탄 철 우라늄 시멘트가 풍부하다. 지금은 1년에 국민 총생산GNP이 10% 정도 오르고 있다. 보드가야 주변에 호텔을 경영할 경우, 주 정부에서 8년간 면세 혜택을 주기 때문에 투자자들이 많이 몰리고 있다. 날씨는 가장 더울 때는 50℃까지 오르며 낮을 때는 4℃까지 내려간다. 온대지역과 달리 기온의 격차가 심하며 4℃에도 얼어 죽는 사람이 있는 곳이다.

이곳은 농사짓기 좋은 곳이라 1년에 2모작 또는 3모작까지 한다. 주식은 아침은 밀가루로 간단하게 하지만 점심만은 쌀밥을 먹는다. 가는 길가에는 망고나무와 사탕수수밭이 있으며, 술나무가 있다. 술나무는 밤사이에 받은 액이 아침에 먹으면 간肝에 좋은 음료수지만 저녁에 마시면 술[酒]로 변하는 특이한 나무이다. 인도에는 약 3억 3,000만 정도의 신神이 있는 나라이다. 삼라만상이 모두

신으로 섬기며, 필발라수, 망고나무가 모두 가족나무 신이다. 그 가운데 70%가 여성신이다. 여성신이 많은 것은 대지大地를 어머니로 생각하는 선조들의 마음에서 비롯된 것이라 한다. 그러므로 암소나 암양은 먹지 않는다. 농사일에 도움을 주는 소는 숫소이다.

이같이 자연적으로는 여성을 우대하지만 실지 생활에서는 그러하지 않다. 공무원 중에 여성의 비율이 30% 정도일 뿐이다. 아직도 이곳에는 몇천 년을 내려오는 카스트제도가 암암리에 행해지고 있다. 불가촉천민을 합하면 5성 계급제도이다. 이러한 풍습에 반기라도 들듯 근세에 암베드카르Ambedkar 박사의 불가촉천민을 불교에 귀의시킨 일이 신문에 크게 보도되기도 하였으며, 지금까지 100만명을 불교에 귀의시킨 신불교新佛教 운동가로 뉴스에 나올 정도이다.

고행하는 보살, 인간 싯다르타

마부 찬다카와 애마 칸다카를 카필라성으로 보내고 홀로 수도자가 된 싯다르타[보살]는 발가선인跋伽仙人 = Bhārgava의 수행림에서 발가선 인에게 고행법을 배웠다. 함께 고행하는 10여 명 선인들은 혹 부드 러운 풀로 몸을 가리기도 하고, 나뭇잎으로 의복을 삼기도 하고, 초 목의 꽃과 열매를 1일에 한 번, 혹은 2일에 한 번, 혹은 3일에 한 번 먹기도 하고, 물과 불을 섬기기도 하고, 해와 달을 섬기기도 하고, 한발만 딛고 기도하기도 하고, 진흙 속이나 가시덤불에 눕기도 하 고, 물과 불을 가리지 않고 그 속에 눕기도 하는 고행을 하고 있었 다. 보살[싯다르타]은 1주일 동안 강변의 숲에서 명상하였다.

'이러한 수행으로는 진정한 도를 얻을 수 없다!'

생각이 여기에 다다른 보살[싯다르타]은 발가선인 곁을 떠나기로 하 였다. 발가선인은 바이샤리 근처에 아라다 카르마阿羅邏迦蘭 = Ārāḍakālama 선인에게 갈 것을 권하였다.

그렇게 하여 보살은 바이샤리 교외에서 아라다 카르마 선인을 만난다. 보살은 아라다 카르마 선인이 평생을 닦아 오른 경지를 곧바로 깨달았다. 무소유처정無所有處定의 경지에 도달한 것이다. 이 경지 역시 윤회를 벗어날 수 있는 것이 아니다.

보살은 선인의 곁을 떠나 라지기르[왕사성]로 향하였다. 갠지스강을 남쪽으로 건너 파트나[華氏城] 아래에 있는 빔비사라왕이 다스리는 도시이다. 보살은 라지기르를 둘러싼 오산 중에 하나인 판다바산 동굴에 자리를 잡고 출가 사문의 율법에 따라 탁발하였다. 보살은 라지기르에 머무는 동안 우드라카 라마푸트라[鬱頭藍弗 = Udraka-Rāmaputra] 선인을 만났다. 700명의 제자를 거느리고 비상비비상처정非想非非想處定을 닦는 선인이었다. 지금까지 만난 수행자 가운데서 가장 뛰어난 수행자이다. 그리고 그가 닦는 선정도 일반적인 선정 중에는 최고의 선정으로 무색계無色界의 최고 하늘에 태어나는 것이다. 그러나 이것 역시 윤회를 벗어나는 경지는 아니다.

이렇게 보살은 많은 스승을 찾아다니면서 고행하여 그들이 오른 경지를 모두 깨달았다. 모든 경지가 윤회를 벗어날 수 있는 경지가 아님을 알고 다시 법을 찾아 수행 길을 떠난다. 우드라카 선인은 보살에게 함께 교단을 이끌 것을 권유하지만 사양하고 다른 스승을 찾아 길을 나섰다. 가는 길에서 심한 고행을 하는 수행자도 만났고, 조용히 명상에 들것을 가르치는 수도자도 만났다. 그러나 한결같이 최후로 얻는 것은 하늘에 태어나기 위한 고행뿐이었다. 보살은 수행자들이 인간으로서 할 수 있는 고행과 명상에 드는 것에는 감동하였다. 그러나 보살은 생각하였다.

> '보상報償을 바라고 고행한다면 괴로움은 영원히 떠나지 않아 고와 낙이 영원히 되풀이될 것이다. 설혹 천상에 태어나도 천상 낙이 다하면 또다시 인간 세상에 떨어져 지상의 괴로움을 받아야 한다.'

이것에 대한 의문을 품었다. 보살은 유행遊行하면서 다시 마가다국 왕사성에 이르렀다. 아침에 가사를 입고 발우를 들고 걸식하였다. 마가다국의 빔비사라 왕이 탁발하는 싯다르타 태자를 보고 마음에 환희심이 일어나 귀의하면서 이렇게 말하였다.

> "싯다르타 태자여! 어찌하여 궁성을 떠나 출가하였는가? 지금이라도 출가를 멈추면 이 나라의 반을 주겠다."

라고 약속하였다. 이에 싯다르타는

> "나는 전륜성왕의 자리도 버렸습니다. 다만 늙고 병들고 죽는 괴로움에서 벗어나 나 자신과 이웃을 구하기 위할 뿐입니다. 나는 그것을 얻을 때까지 죽어도 물러서지 않을 것입니다."

하였다. 왕은 태자의 굳은 결심을 알고,

"태자의 결심이 이루어지기를 빌겠소. 만약 진실한 도를 이루면 나에게도 그 법을 가르쳐 주시오."

하고 도리어 부탁하였다. 싯다르타는 마가다 국경을 넘어 남방 보드가야로 향하였다. 부처님 당시에는 많은 수행자들이 갠지스강을 중심으로 수행하였다. 보드가야, 사위성, 왕사성에도 많은 수행자가 있었다. 이곳은 자이나교의 교화 활동 지역이며, 불[火]을 섬기는 배화교拜火敎의 중심지로서 가섭 3형제의 교단도 여기 있었다. 니련선하尼連禪河 강을 지나 가야산정伽倻山頂으로 올라간다. 가야산은 인도인의 성지이다. 이때 정반왕이 출가한 태자를 돕게 하고자 보낸 친가와 외가의 장년들인 교진여喬陳如, 아설시阿說示＝馬勝, 바제婆提＝跋提梨迦, 파부婆敷＝十力迦葉, 마하남摩訶男 등 다섯 명도 싯다르타를 따라 가야산정[象頭山]에 올랐다. 싯다르타는 산꼭대기에서 풀을 깔고 좌선에 들어갔다. 이곳에서 혹독한 고행이 시작된다.

    가야산정[前 정각산]에 오른 보살은[싯다르타] 지금까지 해보지 못한 수행을 하였다. 음식을 제한하는 수행, 설탕이나 꿀이나 초를 먹지 않는 수행, 하루 한 끼만 먹는 수행, 하루에 보리 한 알과 삼이나 쌀밖에 먹지 않는 수행, 이틀에 한 끼만 먹는 수행, 반달이나 한 달에 한 끼만 먹는 수행, 물만 먹는 수행을 하였다. 보살은 결가부좌를 하고 마음을 한곳에 집중하면서 호흡을 억제하는 수행에 들어갔다. 호흡을 막으면 양편 귀에서 커다란 소리가 안에서 일어난다. 그리고 열기가 몸 안에 가득 찬다. 겨드랑이에서부터 흐르는 땀과 이마에는 빗방울 같은 땀이 흘러내린다. 다시 귀와 코와 입까지 호흡을 억제하면 몸 안의 흐름의 소리가 바람처럼 일어나 머리 정상에서 충돌함을 느낀다. 머릿속은 칼로 도려내는 듯 아픔이 따른다. 호흡을 아주 멈춰서면 양쪽 겨드랑이에서 큰바람이 일어나면서 몸 안에 바람 소리가 요란함을 느낀다. 조금 지나면 바람 소리는 몸 안에서 산산이 부서져 흩어진다. 그러면서 몸 전체가 불길에 휩싸인 듯 뜨거움을 느낀다. 이러한 고행으로 몸은 야윌 대로 야위어서 배와 등뼈가 달라붙은 모습이 되었다. 보살이 이러한 수행 중에 모기나 독충에 물린 것은 보통이며, 머리에는 새들이 집을 지을 정도로 움직이지 않고 고된 고행을 하였다. 보살이 고행림苦行林 속에서 행한 고행은 두 가지 단계이다. 자신의 육체에 대한 집착을 끊기 위하여 철저한 금계 수행을 하였다. 금계 수행은 목욕하지 않는다, 물속에 벌레가 살기 때문에. 음식을 먹지 않는다, 시은施恩을 입지 않기 위하여 옷도 갈아입지 않았다. 보살은 6년을 이곳에서 온갖 방법을 동원하여 몸을 조복 하고 마음을 조복 하는 수행을 하였지만 깨달음을 얻지 못하였다. 보살은 몸을 학대하는 수행에서는 깨달음을 얻을 수 없다는 것을 알고 가야산정에서 내려와 우루빌라 마을의 니련선하 강가로 내려왔다.

가야산정_前 정각산
ⓒ김미숙

●

신해행증信解行證, 불교 수행의 4단계

고행과 수행을 같은 의미라고 생각하는데 그렇지 아니하다. 고행苦行이 앞사람의 발자취를 그대로 따라가는 것이라면 수행修行은 스스로 길을 만들어가는 것이다. 따라서 깨달음을 얻으려면 먼저 선지식을 친견하고 가르침에 따라 고행의 길로 들어서야 한다. 그러나 고행이 곧 성불成佛의 단계는 아니므로 스스로 수행을 통해 깨달음을 얻어야 비로소 성불할 수 있다.

불교 수행의 근본이 믿고 이해하고 실천하고 증득하는 과정으로 깨달음을 얻는 신해행증信解行證의 4단계 수행이다. 신信이란 선지식을 친견하는 것을 뜻한다. 친견親見은 가까이함을 의미이다. 믿음이 없다면 어떤 스승과도 가까워질 수 없다. 해解란 학문으로 이해한다는 뜻보다는 고행을 통해 진리를 깨달아가는 과정이며, 행行은 수행으로 스승으로부터 배운 진리를 몸소 실천하는 것이요. 증證은 스승 없이 도를 깨침으로써 부처가 됨을 의미한다. 보살이 출가한 후[信], 선지식을 찾아 스승의 가르침을 받고[解], 가야산정에서 이르러 고행을 통해 탐·진·치·만·의貪瞋癡慢疑를 끊어낸 뒤[行], 보리수 아래에서 자성自性을 되찾는 깨달음을 얻는 것이다[證].

　　지금 우리들이 석가모니불의 성지聖地를 참배하고자 마음을 일으킨 것은 믿음이요, 부처님의 성지를 참배하면서 그분의 발자취를 찾아 가르침을 따르는 것은 해解이며, 선지식을 친견하여 가르침을 받은 다음에는 일상생활로 돌아가 탐내고 성내고 어리석고 교만하고 의심하는 것을 버리는 것이 행이요. 일상생활 중에 몸에 대한 애착을 끊기 위해서 귀로는 무슨 소리를 듣는지, 눈으로는 무엇이 보이는지, 입으로는 어떤 말을 하는지를 제대로 알아차려야 한다. 귀와 눈과 입을 다스리는 고행이 끝나야 비로소 올바른 수행의 길로 들어설 수 있다. 깨달음의 증득은 그 이후에 있을 것이다.

●
수자타 공양

보살은 가야산정에서 6년 고행을 끝내고 가장 초췌한 모습으로 고행림에서 내려와 니련선하 강에서 목욕하였다. 힘없는 몸으로 겨우 목욕을 마치고 지친 몸으로 강가에 앉아 휴식을 취할 때, 마가다국 장군의 딸인 수자타^{善生}가 힌두 수행자에게 공양 올릴 우유죽을 가지고 산에 오르다가 니그로 나무 아래 앉아 있는 보살을 발견하였다. 수자타는 숭고한 수행자의 모습에 환희심이 일어나 공양을 올렸다. 수자타는 매일 일과처럼 공양 죽을 준비하는 과정에 다른 날보다 더 잘 끓는 우유죽을 보고

> '스승의 수행이 드디어 결실이 있어
> 나의 소원이 이루어지겠구나.'

하고 좋아하였는데 보살을 보는 순간 죽이 잘 끓은 것은 이분에게 공양하라는 뜻이라고 생각하고 환희한 마음으로 공양 올린 것이다.

보살은 수자타가 올리는 공양을 거부하지 않고 받았다. 이 우유죽은 다른 수행자에게 올릴 공양임을 알고 받는 것이다. 이것을 본 다섯 비구는

'태자가 수행의 율법을 파괴하였다.'

생각하고 태자 곁을 떠나서 바라나시로 갔다.

보살은 이 공양으로 말미암아 모든 기운을 회복한 것이다. 한 번의 공양이 수억 겁의 업장을 녹이는 자비의 공양이 된 것이다. 그러므로 보시에는 삼륜청정三輪淸淨이 중요하다고 말한다. 주는 자와 받는 자와 공양물이 청정할 때 행한 보시가 가장 수승한 보시가 된다. 모든 것은 인연따라 이루어진다. 인이 있으나 연이 없으면 행위를 할 수 없다, 인과 연이 맞아야 한다. 시간이 맞아야 하고 공간이 맞아야 하고 사람이 맞아야 한다. 이것이 맞을 때 삼륜청정이 성립되고 삼륜청정이 성립될 때, 보시 공덕은 무량하게 된다. 수자타의 공양을 받은 보살은 원기를 회복한 후에 다른 수행자의 공양물을 받은 것이 수행율법을 파계破戒한 것인지? 아닌지? 진리적인 답을 구하기 위하여 발우를 강물에 띄웠다.

"만일 내가 수행의 율법을 파계하였다면
　　발우는 강물 따라 흘러가라."

잠시 강물 위에 머물고 있던 발우는 신기하게 강을 거슬러 위로 올라갔다. 보살은

'**파계가 아니다. 수행자들의 율법은 인간이 만든 것이다.**
진리와는 아무런 상관이 없구나.'

를 알았다. 이제 홀가분한 마음으로 이곳을 떠나기로 마음먹었다. 마음의 안정을 찾고 가야산정을 떠난 것이다.

고행을 마친 보살에게 올린 수자타의 공양은 이처럼 최고의 공양이었다. 만일 이곳에서 수자타의 공양이 없었다면 부처님도 없었을 것이다. 수자타가 행한 보시의 은혜가 한량없음을 알고 훗날 아소카왕이 이곳에 기념탑을 세운 것이다.

●
또 하나의 수행자 율법 '힌두교'

인도에서의 수행율법 중에 또 하나의 율법이 있다. 불교 경전 상에는 나타나지 않는 것으로 힌두교에서 내려오는 불문율不文律의 전통과 같은 법이다. 그것은 수행자가 숲속으로 들어가는 모습을 가장 먼저 발견한 가까운 마을 사람이 그를 위해 공양하는 풍습을 말한다. 보시자는 수행자가 그 장소를 떠날 때까지 때맞추어 음식과 의복을 제공하여 수행에 불편함이 없도록 하는 것이다. 수행자가 만일 보시자를 만나지 못하면, 나무 열매나 풀뿌리로 연명하면서 수행해야 한다.

　　이러한 규율 때문에 수행할 수 있는 숲은 마을과 1아란야aranya 정도 떨어진 곳이 가장 좋은 수행처가 되는 것이다. 1아란야는 마을에서 개 짖는 소리, 대문 여닫는 소리, 가르침 뱉는 소리, 아이가 우는 소리가 안 들리는 가장 가까운 거리를 말한다. 마을과 너무 가까우면 마을에서 일어나는 소리들에 정신을 빼앗길 수가 있고, 너무 멀면 공양하는 자가 어려움이 있기 때문이다.

보살도 가야산 정상에서 수행자의 율법에 따라 공양을 받았다. 보살이 산정에 오를 때 처음 목격한 사람은 그 마을에서 가장 가난한 사람이었다. 그는 수행자를 위해 공양을 하고 싶었으나 당장 끓여낼 공양물이 넉넉하지 못하였다. 그러다 보니 보살은 배가 등에 달라붙고 힘줄이 드러나고 앙상한 뼈만 남을 정도로 굶주릴 수밖에 없었다. 오히려 이러한 인연이 보살에게는 좋은 법문으로서 모든 집착에서 벗어날 수 있는 계기가 된 것이다.

　　당시 상황이 보살의 최후의 고행상苦行相에 잘 나타나 있다. 몸은 여윌 대로 여위어 갈비뼈가 앙상하게 드러나고 뱃가죽은 등에 달라붙었으나 그럴수록 보살의 눈은 광채가 흐르고 꼿꼿한 자세를 유지하고 있다. 육체와 감각의 구속에 맞서 싸우는 보살의 모습은 너무나 의연해 보인다. 공양자로부터 공양을 제대로 받지 못함으로써 보살은 더욱더 가열한 고행을 체험할 수 있었다. 이로 인하여 다섯 비구도 보내고 홀가분하게 혼자 수행할 수 있는 좋은 인연이 된 것이다.

부처님 고행상

가야산정 아래 유영굴

보살은 수자타의 공양을 받은 다음 근처의 바위산에 올라 새로운 수행처를 찾는 중에 굴을 발견하였다. 보살이 이곳에 오기 전에 이곳에는 지신[地神＝뱀신]이 수행을 하고 있었다. 보살이 나타나자 지신은 이곳에서 수행할 것을 권유하였다. 이에 범천신은 이곳은 수행에 적합하지 않으니 다른 곳으로 인도하겠다고 하였다. 지신은 범천신의 말에 서운하게 생각하면서 그래도 간곡하게 이곳에 머물러 줄 것을 서원하였다. 보살은 지신과 범천신의 원을 모두 들어주기로 하였다. 즉 지신을 위하여 그림자를 남기기로 하고, 범천신의 원에 따라 강을 건너기로 한 것이다.

　보살은 그곳을 나와 니련선하 강을 건너 필발라 나무숲으로 향하였다. 오늘날 이곳을 부처의 그림자를 남긴 굴로서 유영굴留影窟이라 한다. 현재는 바위에 각인된 부처님이 모셔져 있다. 그 옛날에는 부처님의 형상이 비쳤다고 한다. 지금도 마음이 맑으면 각인된 불상 뒤로 부처님의 그림자가 보인다고 한다.

굴은 언덕 위 평지를 지나 계단을 올라 윗 층에 있다. 아래층에서부터 이미 많은 순례자가 앉아 경전을 독송하면서 부처님의 모습을 보고자 정진하고 있었다. 굴 입구에도 발 디딜 틈이 없을 정도로 많은 순례자가 앉아서 독경하고 있다. 그림자는 보이지 않고 불상만이 우리를 반기고 있었다. 아직 마음이 맑지를 못하여 보지 못하였지만, 당시의 부처님의 모습을 상상해본다. 성불 이전의 모습일까, 보살의 모습일까……. 아마도 고행의 끝이라 초췌한 모습일 것이다.

보드가야의 수행

보살은 유영굴을 뒤로하고 북으로 흐르는 니련선하 강을 건너 필발라 숲으로 들어갔다. 보살이 부처로 바뀌고 부처가 보살로 바뀌는 도량으로 들어간 것이다. 온갖 종류의 과일들이 풍성한 동물들의 낙원이다. 그러나 마을 사람들은 필발라수 잎이 바람에 부딪히는 소리가 이상스럽기 때문에 모두 그 소리를 귀신 소리와 같다 하여 귀신들이 사는 숲으로 아무도 이 숲을 가까이하지 않았다. 보살은 혼자 숲으로 들어갔다. 이 숲은 과거 셋 부처님인 구류손불, 구나함모니불, 가섭불이 깨달음을 얻은 숲이라고 한다. 숲 가운데 가장 큰 나무 아래를 수행처로 정하였다. 수행자들이 나무 그늘에 앉는 것은 나무는 배후가 안정되고, 사람을 보호하는 신이 있다고 믿기 때문에 나무를 등지고 좌선하는 것이다. 보살은 먼저 나무에 예를 하고 주위를 살피는 중에 가까운 곳에서 풀을 깎던 스바스티카 祥가 부드러운 길상초를 베어 반석 위에 깔아주었다. 보살은 보리수를 뒤로하고 동쪽을 향해 앉아 금강처럼 굳은 마음으로

'이곳에서 무시광겁 닦아 온 수행의 결과를 보기 전에는
일어나지 않으리라.'

라고 굳게 결심하고 결가부좌를 하고 삼매에 들었다. 나무 아래 조용히 앉은 수행자를 본 동물들은 짓궂은 장난을 치기도 하고 과일을 따다 주기도 하였다. 무칠린다 뱀도 수시로 나와 보살의 주위를 배회하기도 하였다. 수행정진 중에 원숭이들이 가져다준 과일을 먹으면서 7·7일 동안 선정을 닦았다.

불교는 삼매에 들어가는 수행의 기본이라고 할 수 있는 '4선정四禪定'으로 초선初禪·제이선二禪·제삼선三禪·제사선四禪을 말한다.

초선은 욕망과 사악함은 사라졌으나 마음의 잡념은 아직 남아 있는 경지로, 법열을 맛보는 단계이다.

제2선은 마음의 잡념까지 쉬어버리고 내면적인 고요 속에서 마음을 통일하는 경지이다. 이 경지는 삼매에서 우러나는 기쁨에 젖은 단계이다. 이때 소유욕이 사라지고 마음이 한곳에 머무는 상태[心一境性]가 된다. 그러나 초선과 달리 일상적인 사유 활동은 멈춘다.

제3선은 마음의 잡념에서 완전히 벗어나 차별상을 일으키지 않으며 깨끗하고 평등한 마음으로 행복감에 머물면서 지혜가 나타나는 단계이다.

제4선은 행복과 괴로움의 행行이 없어지고, 이전에 있던 기쁨과 근심이 제거되어 괴로움과 행복감이 합하여 마음이 청정해지는 단계이다.

초선에서는 언어[口行]가 멈추고, 제2선에서 일상적인 사유 활동[身行]이 멈추며, 제3선에서는 즐거운 마음[喜心]이 멈추고, 제4선에서 호흡마저 멈추어 생사를 초월하게 된다. 이같이 생사를 초월한 마음이 청정하고 결백하여 번뇌의 더러움을 여의며, 몸은 광명으로 빛나며 대 자유인이 된다. 이로부터 '육신통六神通'을 얻게 된다.

육신통 중 천안통天眼通은 중생이 태어나고 죽는 것을 관찰함으로써 미래까지 볼 수 있는 능력이요. 천이통天耳通은 초인적인 청력聽力으로 일체 만물의 소리를 들을 수 있음이요, 신족통神足通은 원하는 장소에 자유로이 출현할 수 있는 능력으로 어떠한 물건도 장애가 되지 않고 움직일 수 있으며, 타심통他心通은 다른 사람의 마음을 들여다볼 수 있는 능력이 생기며, 숙명통宿命通은 자신을 비롯한 중생의 과거 생애를 모두 알 뿐 아니라, 우주 생성의 원리까지 깨우치는 지혜를 얻게 됨을 말하며, 누진통漏盡通은 사람이 지닌 고뇌와 미망迷妄의 근본이 되는 삼세의 번뇌를 남김없이 깨뜨리는 금강의 지혜를 성취하게 되는 경지이다. 보살은 이러한 경지를 자유자재로 오고 가고 있었다.

●

보드가야 대보리도량에서 성불

보살은 성불의 시기를 알았다. 중도中道를 뜻하는 반달이 허공을 거닐고, 군생群生을 뜻하는 뭇 별들이 각각의 빛을 자랑하며, 육도를 벗어나는 숫자인 일곱 칠일 밤 초야初夜에 마지막 선정에 들었다. 잡념을 떠나 초선에 머물렀다. 그리고 다시 나와 제2 선정에 들고, 다시 나와 제3 선정에 들고, 다시 나와 제4 선정에 들었다. 천안통天眼通, 천이통天耳通, 신족통神足通, 타심통他心通의 4가지 신통을 즐겼다. 중야中夜에 숙명통宿命通을 즐기면서 마지막 누진통漏盡通을 남겨둔 채, 보살은 잠자는 마왕 파순波旬을 깨운다. 깨달음을 증명시키기 위함이다. 이로써 보이는 세계와 보이지 않는 세계의 싸움이 시작된 것이다.

　　마음이 육체의 노예가 되거나 육체가 마음의 노예가 되거나 모두 같은 이치다. 이제 마음도 육체도 노예도 주인도 없는 불이不二의 법계로 나가야 한다. 중생의 마음이나 부처의 마음은 같은 것이지만, 다르다고 구분하면 중생이요, 동일하여 하나임을 알면 부처이다. 생사도 고락도 명암도 이와 같다.

마왕 파순은 욕계欲界의 최고천인 제6 타화자재천의 주인이다. 마왕의 부하는 백단의 500명과 흑단의 500명으로 도합 1,000명을 거느리고 있었다. 조금 전에 마왕은 자기 궁전이 무너지고 마군들이 자기를 배반하는 등의 22가지 꿈을 꾸면서 불길한 생각에 젖었는데, 보살의 미간백호상眉間白毫相이 마왕을 비추어 꿈에서 깨어난 것이다. 마왕은 부하들을 깨워 보살과 싸울 것을 명한다. 그 가운데 백단의 500명은 항복하기를 바라면서 뒤로 물러나고, 흑단의 500명은 마왕과 함께 필발라 숲으로 향하였다.

이는 우리들의 마음에도 항상 흑과 백의 이중적 마음이 있으며, 상대성으로 긍정성肯定性과 부정성否定性을 가지고 있다는 것을 보여준 법문이다. 경전에서는 마왕 파순이가 보살이 성불할 것을 먼저 알고 성불을 방해했다고 하는데, 실제로는 보살 자신이 깨달음을 증명하기 위해 잠자는 마왕을 깨운 것이다.

마왕은 먼저 하근下根으로 세 명의 딸을 보내어 유혹시킨다. 이것은 카필라성에 두고 온 세 명의 태자비를 생각하게 하고 또한 권력과 명예와 물질을 의미하는 것이다. 밀교적으로는 눈을 유혹하는 마왕녀, 귀를 유혹하는 마왕녀, 입을 유혹하는 마왕녀로 본다. 눈을 유혹하는 것은 명예를 뜻하는 것이요, 귀를 유혹하는 것은 음욕을 뜻하는 것이요, 입을 유혹하는 것은 물질을 뜻하는 것이다. 중생은 명예와 음욕과 물질 때문에 윤회하고 고통받으면서 진정한 즐거움이 무엇인지 모르고 살고 있다. 이제 청정하고 성스러운 이곳에서 부처님의 청정성을 가지加持 받아 본래의 자리로 돌아가는 것이 성불이다.

마왕은 그렇게 세 명의 딸로 보살을 유혹하였으나 실패한다. 화가 난 마왕은 중근中根으로 500명의 흑단의 마신魔神들을 보내 위협하였다. 500의 흑단의 마신은 9군단으로 나누어 보살을 공격하였다. 제1은 애욕을 맛보게 하고, 제2는 의욕意欲 상실케 하고, 제3은 주림과 목마름을 알게 하고, 제4는 갈망渴望을 일으키게 하고, 제5는 비겁하게 하며, 제6은 공포를 주고, 제7은 의혹을 일으키게 하고, 제8은 분노를 일으키게 하고, 제9는 슬픔을 일으키게 하였다. 이러한 것은 수행자가 조금이라도 번뇌를 일으키는 틈이 생기면 침범해 오는 경계들이다. 그러나 보살은 그 어떤 것에도 동요하지 않았다.

마왕은 끝으로[上根] 우레와 폭우를 동원하여 그 자리에서 일어나게 하였다. 그러나 보살은 이미 윤회의 사슬이 되는 것을 벗어나 해탈의 경지에 올랐기 때문에 마왕의 어떠한 시험에도 굴하지 않고 도리어 마왕 파순이를 굴복시킨다.

보살은 마왕을 항복시키고 선정에 들어 밝아올 새벽녘에 누진통漏盡通을 즐기면서 동녘 하늘에 마지막으로 빛을 발하는 샛별을 보고 여래如來·응공應供·정변지正遍知·명행족明行足·선서善逝·세간혜世間慧·무상사無上士·조어장부調御丈夫·천인사天人師·불세존佛世尊의 아뇩다라삼먁삼보리阿耨多羅三藐三菩提를 성취하였다. 이로써 보살은 이 세상에 태어나기 전에 많은 생을 윤회하면서 수행하고 닦은 인연으로 장차 사바세계에서 부처가 될 것이라는 연등불로부터 받은 수기가 성취된 것이다.

보살은 가야산정의 6년 고행의 결실을 보았다. 샛별은 더욱 빛을 발하여 우주 법계 공간을 환하게 비추다가 보살의 몸과 하나가 되었다. 보살의 몸과 필발라수 잎은 한 덩어리의 황금빛으로 뭉치어서 바람에 춤을 추며 찬란하게 온 천지에 퍼져 나갔다. 필발라 숲은 대보리도량菩提道場이 된 것이다. 주위에 존재하는 모든 만물은 깨달음의 황금빛으로 바뀌었다. 보살이 앉았던 자리는 금강보좌金剛寶座가 되고, 필발라수는 보리수菩提樹가 된 것이다. 보살이 마야 어

대 보리도량의 샛별탑

머니를 만나는 것, 야수다라 비妃를 만나는 것, 이름 높은 스승을 만나 수행하는 것, 마지막으로 스승 없이 보리수 아래에서 마왕을 항복시키고 무상정등정각無上正等正覺을 이룬 것은 모두 결정된 시나리오에 의하여 움직인 방편의 모습이었다. 룸비니동산이 출생의 동산이며, 보리수동산은 깨달음의 동산이다. 룸비니동산이 태장계만다라라면 보드가야의 대보리도량은 금강계만다라의 실현 장소이다.

　　보살이 보리수 아래에 깨달은 법은 세상에 없는 법을 깨달은 것이 아니다. 인도 고전으로 내려오는 윤회설을 깨달은 것이다. 이것은 아리아인이 침입하기 이전의 사상이다. 아리아 문명이나 베다 사상에는 볼 수 없는 사상이다. 베다 사상은 불[火]을 섬기는 제사로 재앙을 막아주고 행복한 삶을 살다가 천상에 태어나는 것이 최선의 길임을 가르친다. 이때 불[火]의 신은 천상을 왕래하면서 길흉화복을 관장하는 신으로 받드는 것이다. 베다 사상은 사람이 죽으면 허공으로 올라가 신이 되거나, 비에 섞여 다시 땅으로 내려와 식물에 흡수되어 그것이 동물의 먹이가 되고, 다시 정자로 수태하여 태어난다고 주장하는 것이다.

　　육도六道를 윤회하는 중생은 부처의 자리로 돌아가려면 반드시 거쳐야 하는 관문이 인간세계이다. 인간세계는 고와 낙이 평등한 세계이다. 현실적 고락은 윤회를 가져오지만, 난행 고행으로 해탈과 열반과 성불할 수 있다. 이것이 인간세계에서만 가능하다. 천상세계는 즐거움만 있고, 지옥은 고통만을 받기 때문에 새로운 인을 지을 수 없다. 그러므로 해탈과 열반과 성불의 인을 짓는 수행을 할 수 없다.

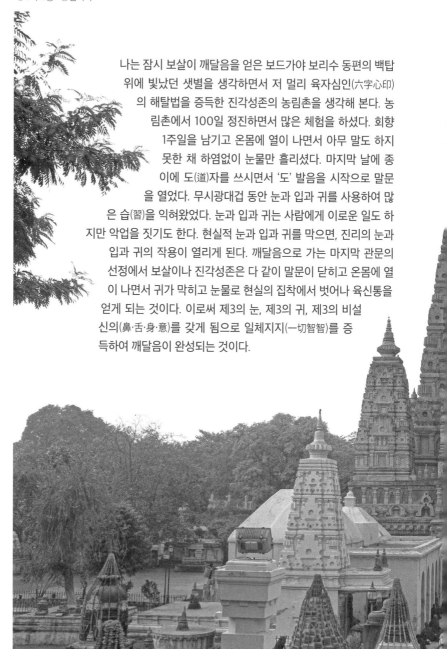

나는 잠시 보살이 깨달음을 얻은 보드가야 보리수 동편의 백탑 위에 빛났던 샛별을 생각하면서 저 멀리 육자심인(六字心印)의 해탈법을 증득한 진각성존의 농림촌을 생각해 본다. 농림촌에서 100일 정진하면서 많은 체험을 하셨다. 회향 1주일을 남기고 온몸에 열이 나면서 아무 말도 하지 못한 채 하염없이 눈물만 흘리셨다. 마지막 날에 종이에 도(道)자를 쓰시면서 '도' 발음을 시작으로 말문을 열었다. 무시광대겁 동안 눈과 입과 귀를 사용하여 많은 습(習)을 익혀왔었다. 눈과 입과 귀는 사람에게 이로운 일도 하지만 악업을 짓기도 한다. 현실적 눈과 입과 귀를 막으면, 진리의 눈과 입과 귀의 작용이 열리게 된다. 깨달음으로 가는 마지막 관문의 선정에서 보살이나 진각성존은 다 같이 말문이 닫히고 온몸에 열이 나면서 귀가 막히고 눈물로 현실의 집착에서 벗어나 육신통을 얻게 되는 것이다. 이로써 제3의 눈, 제3의 귀, 제3의 비설신의(鼻·舌·身·意)를 갖게 됨으로 일체지지(一切智智)를 증득하여 깨달음이 완성되는 것이다.

인간, 석가모니불을 만나다

보드가야 대보리도량의 7선정처

보살은 필발라수 아래에서 스승 없이 무상정등정각無上正等正覺 = 아뇩다라삼먁삼보리를 얻어 부처가 되었다. 깨달음을 보림保任하기 위하여 부처님은 첫 번째, 대보리도량 보리수 아래 금강보좌Bodhi Pauanka = 중앙에서 7일간 선정삼매에 들었다. 12인연법을 관찰하는 중에 시방세계의 불보살들과 일체 천신들이 대보리도량에 운집하여 비로자나불을 중심으로 화엄법계를 장엄하는 《화엄경》을 설하였다.

두 번째, 샛별탑Animesa Locana = 동남[眼]에서 보리수와 금강보좌를 눈도 깜박이지 않고 바라보면서 7일간 선정하였다. 끝없이 일어나는 법열 속에서 감사한 마음을 가진 곳, 위대한 보리수를 찬양하는 곳, 깨달음을 얻게 보호해준 보리수가 한없이 고마웠다. 이때도 시방세계의 불보살과 천신들이 운집하여 화엄법계 만다라를 연출하였다.

세 번째, 보리수와 샛별 언덕 사이를 보행하면서 보행 선정에 들었다[라트나차카르마]. 이때 발을 옮길 때마다 18신변十八神變을 알리는 18송이의 연꽃이 피어올랐다. 보행 중에 중생을 살펴보고 무상정등정각의 법을 감당할 수 없음을 알고 곧바로 열반에 들고자 하였다. 대범천왕이 걱정하면서 신력으로 몸을 나타내어 중생을 위하여 법의 수레바퀴를 굴리시기를 간청하였다. 부처님은

> "나는 너희들을 위하여 법을 설하고자 하였으나, 내가 얻은 법이 미묘하고 깊어서 알기 어렵고 들어가기 어려워 중생 근기根機로는 믿고 받아들이지 못할 것이다. 도리어 비방하여 악도에 떨어질까 염려하여 설할 수 없노라."

하셨다. 이에 제석천과 타화자재천 등 천왕들이

> "지난 세상의 부처님도 중생들의 근기를 알면서도 해탈의 법륜을 굴리었습니다."

라는 말씀드리면서 세 번이나 간청하였다. 부처님은 범천왕 등의 청을 받아들였다.

네 번째, 금강보좌에서 10m 정도 앞에서 좌정하여 선정에 들었다. 법륜을 굴릴 것인지, 아니 굴릴지…… 생각하는 보림[保任]의 선정에 들었다. 온몸에서 오색의 빛이 나타났다Ratanaghara-The Place of Basic con templ ation. 피부는 노랑[지혜], 모발은 파랑[정진과 귀의], 치아는 백색[진리와 청정], 피는 빨강[자비], 가사는 주황[인욕과 구제]으로 만

RATANAGHARA (THE PLACE OF BASIC CONTEMPLATION)
LORD BUDDHA SPENT THE FOURTH
WEEK HERE IN MEDITATION REFLECTING
ON THE PATTHĀNA OR THE CAUSAL LAW.

제4 선정처, 법륜을 굴리는 법문을 본 자리에서

다라 세계가 펼쳐졌다. 이때 나타난 빛은 오불五佛의 환상으로 비로자나불의 화엄법계 만다라에서 금강계만다라 세계로 이어지는 형상을 보인 것이다. 이 빛은 훗날 세계불교기의 색상의 기본이 되었다. 그리고 이 만다라 빛은 힌두교의 모든 신들을 불교에 귀의시키는 계기가 되었다. 훗날 이 장소에 아소카왕이 코끼리 상을 상단에 조각한 석주를 세웠다. 부처님은 선정에서 나타난 이와 같은 법문을 보고 법륜을 굴리기로 결정지었다.

다섯 번째, 보리수 남쪽 나지막한 곳에서 선정에 들었다. 이 선정은 어떠한 법륜을 굴릴 것인가? 그 방법을 찾는 보림[保任]의 선정이다. 현재 무칠린다Mucacinda Lake-The Abode of Snake King-서쪽 연못이 그곳이다. 선정 중에 일주일간 비가 내려 연못이 되었다. 이때 무칠린다가 물속으로 들어와 몸으로 또아리를 만들어 부처님의 몸을 물 위로 올리면서 자신의 머리로 우산을 만들어 부처님을 보호하였다. 이것은 모든 생명은 하나라는 당체법문을 보인 곳이다. 부처님은 이곳에서 일승법을 3승법으로 낮추어 법륜을 굴릴 것을 생각하였다.

여섯 번째, 보리수의 남쪽 라자야타나 나무 아래로 장소를 옮겼다Ra Jaya Tana, Kind, of Forest, Tree 북쪽 이곳에서 성불 후 지나가는 상인 2명으로부터 봉밀과 건식을 공양을 받았다. 상인은 미얀마 상인으로 트라프사와 바루리카 2명이 이곳을 지나다가 천신의 권유로 공양을 올리게 된다. 상인은 부처님을 친근하는 순간 존경심이 일어나 발에 예를 올리고 건식과 꿀과 밀을 섞어 만든 공양을 올렸다. 부처님은 머리카락 8올로 답례하면서

"너희들은 부처와 부처의 가르침인 법에 귀의함을 얻었느니라."

하셨다. 두 상인은 이때 받은 부처님의 머리카락을 소중히 자기 나라까지 모시고 갔다. 현재 미얀마 쉐다곤 불발佛髮 대탑에 모셔져 있다. 부처님의 사리를 모신 탑 가운데 가장 크고 가장 오래된 탑으로 높이 91m이다. 탑의 둘레를 모두 황금 60t으로 덮은 황금대탑이다. 미얀마의 국민들은 부처님이 이곳에 계신다는 생각으로 공양하고 받드는 대탑이다. 지금도 외국 사신이나 국빈이 오면, 이 탑을 먼저 참배한 연후에 국왕이나 수상을 만날 수 있다. 상인으로부터 공양을 받은 부처님은 다시 선정에 들었다. 중생 세계가 곧 화엄법계임을 알리는 선정이다. 비로자나불의 금강법계궁이 이곳임을 알고 자수법락自受法樂 하는 보림[保任]의 선정에 들었다.

일곱 번째, 보리수 아래 금강보좌이다. 부처의 몸이 보살의 몸으로 바뀌는 보림[保任]의 선정이다. 중생의 고통을 본 것이며, 해탈의 길을 본 것이며, 열반의 길을 보았으며, 성불의 길을 보았다. 그리고 성취자成就者로서 인간세계의 대 성자가 되신 것이다. 부처로서 법신의 본분을 행할 준비가 완성되면서 금강보좌에서 다시 보살의 몸으로 돌아온 것이다. 하늘의 샛별은 보살의 몸과 동체이며, 금강보좌와 동체요, 보리수와 동체며, 연꽃과 동체며, 비와 동체요, 무칠린다용과 동체며, 라자야타나 나무와 동체이다. 이로써 생명의 나무, 생명의 빛, 생명의 바람, 생명의 비, 생명의 깨달음을 이룬 보림[保任]을 마친 것이다. 하늘에 있던, 허공에 있던, 땅에 있던 모두 보살의 마음으로 하나가 되어 화엄법계만다라를 이룬 것이다. 시

인간, 석가모니불을 만나다

간의 바퀴가 공간의 바퀴가 생명의 바퀴가 이 보리도량에서 하나로
어우러져 걸음걸음 가는 곳마다 비로자나불의 금강법계궁으로 작
용하게 될 것이다.

부처님이 설하시는 보살의 삼승법

부처님은 다시 보살이 되었다. 중생에게 법을 설하기 위하여 불의 삼승三乘이 되시고 보살의 일승一乘이 되신 것이다. 4성제법과 8정도법을 불佛의 일승一乘에서 보면, 청정성 일법뿐이다. 보살의 일승으로 보았을 때 보살의 4성제법이요, 보살의 8정도법이다. 보살의 일승법인 4성제법을 보살의 이승二乘으로 바꾸면 16성제가 되고, 보살의 삼승법으로 돌아가면 256성제가 된다. 보살의 일승법인 팔정도를 보살의 이승으로 바꾸면 64정도가 되고, 보살의 삼승으로 돌아가면 64×64=4096정도가 된다. 12인연, 6바라밀, 37조도품도 보살의 이승으로 돌리고, 다시 보살의 삼승으로 돌아가면 무량 무수의 법이 되므로 부처님의 45년 설법이 8만4천 법문이 되는 것이다.

　　8만4천의 법문은 비로자나불의 일승법에 불과하므로 5비구와 10대 제자와 1,250인 상수제자의 깨달음을 모두 합하여야 비로소 부처를 이룬 무상정등정각의 법이 되는 것이다. 그러므로 부처님은 5비구, 10대 제자, 1250인 상수제자를 보살의 일승법을 깨달은 아라한으로 인증認證하신 것이다. 보살의 일승법의 공능功能이 이와 같다면, 부처님의 일승법의 공능功能은 어떠하겠는가? 부처님의 이승법에서 100대 제자요, 부처님의 삼승법에서는 10,000대 제자가 나올 것이다. 그러므로 부처님의 법이 항하사恒河沙 수만큼의 항하의 모래 수이므로 중생으로서는 헤아릴 수 없는 불가설불가설전불찰미진수가 되는 것이다. 이 법은 학문연구로는 깨달을 수는 없다. 만일 학문연구로 깨달았다고 한다면 그것은 하나의 문리文理를 얻은 경지일 뿐이다.

금강보좌와 대탑

보살이 보리수를 등지고 동편을 향하여 앉아 무상정등정각을 이룬 그 자리가 금강보좌이다. 143×238cm. 두께 13.5cm이다. 당시는 길상 동자의 길상초를 깔아 만들어준 자리에 훗날 아소카왕은 기하학 문양의 릴리프를 조각하였다. 이 조각은 산스크리트어의 변형된 모양의 조각으로 경·율·론의 상징하며, 불·법·승의 뜻으로 아소카왕의 불심佛心으로 이 같은 뜻을 담아 조각한 것이다. 비로자나불의 좌左보처 보살인 문수보살이 길상 동자로 화현하여 좌대를 만든 것이다. 선재동자가 문수보살을 만나듯 싯다르타 태자와 길상 동자가 만난 이것은 곧 비로자나불과 석가모니불이 만나는 장소가 된 것이다[화엄경 입법계품, 선재 동자가 53선지식을 친근하는 가운데 가장 먼저 문수보살을 친근한 의미를 알면, 싯다르타가 성불 후에 이곳에서 화엄경을 설하게 되는 의미를 알게 될 것이다].

　　이것은 이미 보드가야 대보리도량의 보리수 아래는 성불의 자리임을 증명하는 것이다. 그 옛날에는 순례자들이 보리수와 금강보좌 주위에 앉기도 하고 보행하기도 하면서 부처님과의 친근의 인을 짓고 있었다. 그 뒤 보리수와 금강보좌 앞에 대탑이 조성되면서 샛별을 볼 수 없게 되었다.

보리수 앞에 세워진 대탑은 한 변의 길이가 각각 15m로 된 사각의 공간에 54m 높이의 피라미드 모양이다. 최초의 탑은 B.C. 3세기 아소카왕이 높이 6m, 폭 15m로 건립했고, A.D.5~6세기 쿠산왕조 때 48m를 높여 54m가 되었다. 그 후 팔라왕조와 세나왕조750~1200 사이에 탑과 벽면에 감실을 만들어 지금의 형태를 갖추게 되었다.

탑 곁에는 사방으로 4개의 소탑이 있고, 대탑 내부에는 항마촉지인을 결한 부처님이 참배자들을 자비로운 눈으로 보고 계신다. 대탑 내 2층에는 입불상이 있다. 대탑 외부 하단 측면은 중앙 5개의 모양과 좌와 우에 4개씩의 모양, 그리고 끝부분 각각 1개씩으로 15개의 함실에 부처님과 보살과 천왕의 상으로 조각을 이루고 있다.

대보리도량 경내에는 얼마인지 그 수를 헤아릴 수없이 많은 크고 작은 탑들이 세워져 있다. 모두 성불을 염원하는 원탑들이다. 13세기 이슬람의 침공으로 인도 전역에 불적지가 파괴되고 승려들이 죽임을 당하는 대 법난이 일어났을 때, 대보리도량에 펼쳐졌던 비로자나불의 근본 만다라인 대탑과 보리수와 금강보좌가 하룻밤 사이에 땅에 묻히는 불운을 맞이하였다. 이곳의 승려와 신도들은 파괴를 모면하기 위하여 밤사이에 흙을 덮어 산처럼 만들고 승려들은 이곳을 떠났다. 1890년에 영국의 버킹엄 장군이 발굴하고 당시 버마현 미얀마 불교승단이 수리하면서 많은 변형으로 오늘의 탑의 모습이 된 것이다.

대보리도량의 금강보좌

●

불족석佛足石

대보리도량의 불족석佛足石, 이곳에는 두 개의 발자국이 있다. 하나는 성취를 위하여 들어오는 발자국이요, 하나는 금강보좌에서 성불 이후 보림선정保任禪定의 마지막 7일을 보내고 보살이 되어 교화의 길로 출발하면서 남쪽으로 내디딘 첫발의 발자국이다. 아소카왕이 금강보좌와 함께 두 발자국을 조각한 것이다. 지금은 첫발을 디딘 발자국은 유리관 속에 있어 만져보지도 못한다. 1986년도 성지순례 때는 보드가야 승원장 스님과 함께 금강보좌를 만져보고 보좌 옆에서 결가부좌하고 염송도 하고, 불족석에 나의 발과 견주어보기도 하였다.

　지금은 보리수나무, 금강보좌, 불족석이 있는 안쪽으로는 들어갈 수도 없다. 금강보좌도 황금천으로 덮여 있어 문양을 볼 수도 없어 철망 밖에서만 바라볼 뿐이다. 파손을 우려하여 멀리서 참배만 하도록 하였다. 싯다르타 태자는 이 자리에서 여래·응공·정변지·명행족·선서·세간해·조어장부·무상사·천인사·불세존이 되고 7·7일

의 보림을 마치고 다시 보살이 되어 중생교화를 위하여 바라나시로
향하였다.

인간, 석가모니불을 만나다

●

보리수

세상에 단 한 그루뿐인 보리수. 전설에 의하면 싯다르타 태자의 탄생과 함께 보리수가 이 자리에 솟아올랐다 한다. 또 중국 현장스님의 《대당서역기》에 따르면, 해마다 석가모니불 열반일이면 보리수 잎이 모두 떨어졌다가 시간이 지나면 다시 피어난다고 하였다. 보살이 깨달음을 얻을 때 앉았던 그 나무는 이제 필발라수가 아닌 깨달음의 보리수로 변한 것이다.

　이 보리수 외에 인도에서 흔히 볼 수 있는 필발라수는 여전히 필발라수이다. 이 나무는 일반 광합성 작용과는 반대작용을 하여 낮에 이산화탄소를 뿜고 밤에는 산소를 뿜어내는 것이 특징이다. 수행자가 밤에 수행할 때 산소 공급을 받아 몸도 마음도 편안하게 해 주는 나무이다. 아난존자가 기원정사에 이식하기도 하였다.

　부처님 열반 200여 년이 지난 뒤 아소카왕은 아들 딸을 출가시켜 부처님 치아 사리와 보리수를 사자국[스리랑카]에 전하였다. 스리랑카 아누라다푸라 보리수 사원에서 자라고 있는 나무가 그때의 보리수이다. 스리랑카의 모든 사원의 보리수는 모두 아누라다푸라 사원의 보리수를 이식한 것이다. 이 나라는 사원 중앙에 부처님상 대신 보리수를 모시는 것이 특징이다. 사원을 참배하는 불자들은 청정수를 보리수에 뿌리면서 서원을 세우고 정진하고 있다. 현재의 보드가야 보리수는 아쉽게도 그때의 보리수가 아니다.

아소카왕은 재위 11~21년 사이에 이곳을 여러 번 참배하였다. 이곳에 머물 때는 보리수를 존경하고 사랑하는 마음으로 새벽 일찍 참배하고 저녁 늦도록 참배하면서 보리수를 돌면서 예배하였다. 어느 날 왕비가 왕이 찾는 보리수에 대하여 질투심이 일어나 불태운다. 이로 인하여 당시의 보리수는 사라지게 되었다. 그 뒤에 아누라다푸라 보리수의 묘목을 가져와 이곳과 녹야원에 심었다고 한다. 그 후 13세기에 이슬람의 침범으로 승려들과 교도들이 밤사이에 흙으로 대보리사의 대탑과 보리수를 덮어 흔적을 감추고 승려들은 뿔뿔이 헤어졌다. 보리수는 600여 년을 땅속에 묻혀 있었다. 1890년에 영국의 고고학자인 커닝엄경Sir Alexander Cunningham에 의해 정글 속에서 발굴되었을 때는 탑만 있고 보리수는 없었다. 얼마가 지난 뒤 뿌리에서 다시 싹이 나와 오늘의 보리수가 되었다. 스리랑카의 보리수는 아들 보리수요, 이곳의 보리수는 손자 보리수가 된 것이다.

이렇게 지금의 보리수는 본래 나무의 손자뻘이 된다지만 뿌리는 2,500여 년 전 보리수 뿌리일 것이다. 7·7일의 보림保任을 끝낸 부처님은 인연 있는 곳, 인연 있는 사람을 제도하기 위하여 바라나시로 떠난다. 숲으로 들어올 때 수행의 보살의 몸으로 들어왔다가 나갈 때는 부처의 보살 몸으로 떠난다. 혼자 들어오고 혼자 떠나는 것이다.

업을 짊어진 고행자여!
수행자여!
하늘을 향하여 끝없이 뻗어가는 보리수여!
사방으로 바람따라
흩어지는 참으로 위대한 보리수여!
우리도 이제 당신의 뒤를 따를 것입니다.
고행도 수행도 당신의 뒤를 따를 것입니다.
모든 욕심을 버리고
교만함도 버리고
의심함도 버리겠습니다.
진리로 이 땅에 왔다가
법신으로 돌아가심을 의심하지 않겠습니다.
이 몸이 다하고 미래제가 다할 때까지
쉼이 없는 정진을 하겠습니다.
보리수여! 지켜보십시오.

우리는 이제 이곳을 떠납니다.
하지만, 보리의 염원을 가져갑니다.
굳이 무거운 업보의 마음을 다시 가져가지 않겠습니다.
가는 곳마다 보리수를 품을 마음들이 나를 기다리고 있습니다.
부처님이 그러했듯이
가벼운 마음만을 가지고 길을 떠납니다.
법신의 경지에 오를 때를 약속하며
당신의 모든 것을
마음으로 간직하고 이곳을 떠납니다.

●

대보리사에서 참배자의 명상

보드가야 동산은 고행림인 가야산정과 동동남東東南의 일직선의 방향에 놓여 있다. 경주 토함산 중력의 석굴암 부처님이 감은사지와 대왕암을 바라보고 있는 방향과 같은 방향이다. 대보리사 대탑 둘레 6곳의 선정처에는 기념탑들이 있다. 보리수와 금강보좌, 샛별이 뜨는 방향의 백탑. 18보행처, 정안당, 무칠린 연못 좌대불, 아소카왕의 석주, 성도 후 첫 공양을 받은 라자야타나, 모든 것이 보존된 성지중의 성지이다.

　　이곳을 찾는 순례자들은 중앙 대탑과 보리수를 향하여 오체투지를 한다. 밤과 낮을 가리지 않고 한다. 잠시 쉴 때는 7선정처를 돌면서 참배한다.

　　부처님께서는 어찌하여 정각산[象頭山]을 이탈하여 서서북西西北으로 행하였으며, 니련선하 강에서 무엇을 씻었겠는가? 수자타의 우유죽은 또 무엇인가? 유영굴에 나타나는 부처님의 영상은 무엇인가? 보리수의 그늘에 앉아 정각산을 바라보면서 하룻날. 아침 샛별

인간, 석가모니불을 만나다　　　　　　　　　　　　　　　　101

을 보시고 무엇을 얻었을까? 얻고 난 다음 7곳을 머물면서 무엇을 보림保任하였을까? 그리고 모든 곳을 버리고 어찌 수 백리 떨어진 바라나시로 향하였으며, 5비구는 보살의 곁을 떠났는데 바라나시에서 부처님을 왜 맞이하는가? 교단의 성립에 있어서 수달타장자에게 무슨 계를 주었는가?

　　오체투지하듯 마음으로 끝없이 반복하여 되새긴다. 6사 외도와 96명의 외도가 있어도 5천축을 제도하고, 전 인류의 스승으로 남은 분은 부처님 단 한 분뿐이다. 보드가야의 대보리수를 보라! 깨달음의 과거 3불이 깨달음을 얻은 그 장소에 시간은 수만 년이 흘러도 변함없는 저 보리수처럼, 외관상으로는 그때와 다를지는 모르지만, 그것이 지닌 진의眞意는 변함이 없다. 비록 한 그루의 나무에 불과하지만, 그 뿌리는 수만겁을 이어 다시 2,500여 년을 생존한 나무, 대보리수는 그 옛날에도 3가섭의 귀의와 마하가섭의 3처전심과 아난다의 칠엽굴 결집을 지켜보았으며, 지금도 이 땅에서 일어난 각가지의 법난을 묵묵하게 지켜보면서 저렇게 무성하게 자라고 있다. 모두가 부처님의 참 깨달음에서 나온 것이요, 권위와 아집과 욕망에서 나온 것이 아니다. 보리수와 대탑에 오체투지 하는 수행자가 줄을 잇는 것은 보리수가 지닌 불가사의한 공능 때문이다. 직접 참배하지 않고는 느낄 수 없는 공능이다.

●
아소카왕의 출현

불교의 최고 전법자는 아소카왕이다. 인도의 모든 불적지는 아소카왕의 발자취가 있다.

기원전 330년에 알렉산드리아 대왕이 북인도이란이 세운 조로아스터교의 유적과 모헨조다로가 있는 곳를 정복한다간다라문화 탄생. 전 인도를 정복하지 못한 채 회군하는 길. 기원전 323년에 바빌로니아에서 알렉산드리아 대왕이 사망하고, 이 땅에는 마우리아 왕조시대B.C.322~185가 열린다.

마우리아 왕조 제3대 왕 찬드라굽타 왕조의 아소카왕B.C.?~232이 부처님 법을 준하여 국가를 통치하면서 고대 메소포타미아와 이란의 아케메데스 왕조의 문화와 인도 고대 베다시대의 문화와 제도 가운데 좋은 것만을 취하여 불교와 접목하여 통치하므로 전륜성왕Cakravartin이라 불리는 왕이 된다. 영토는 아프카니스탄에서 마이소스Mysore까지 점령하였으며, 당시 메가스테네스의 도시 안에는 560개의 높은 누각과 64개의 문이 있었던 것으로 추증된다. 아소카왕 사후에 인도 전 지역에 부분적 통치자들이 생겨난다. 이때가 인도 문화의 최고 전성기이다. 부분적으로는 슝카시대Śunga, B.C.185, 푸시야미트라 장수가 마우리야 마지막 왕을 시해함으로써 마우리야 왕조 끝남, 안드라

시대사타바하나 왕조(Śātavahana, B.C.72 ~ A.D.320), 석굴사원 시대B.C.1세기 ~ A.D.120인 마투라 시대이다. 산치대탑과 네팔의 피프라와Piprawa와 스투파도 이때 세웠다.

A.D.78년에 큐산 왕조가 일어난다. 150년간 통치하는 중에 제2의 아소카라고 불리는 카니시카Kaniṣka 128~144 왕이 통치하면서 다시 중앙아시아의 벵골지역까지 영토를 확장한다. 이후로는 다시 인도 전역을 통일시키는 자국 내의 왕조는 없다. 지역적으로 강한 팔라왕조, 세나 왕조 등이 있었을 뿐이다. 당시 파트나Patna지역의 찬란했던 문화는 모두 아소카왕이 발전시킨 유산이다.

아소카왕은 부처님의 법을 전한 왕으로서는 최고의 왕이다. 용수보살이 경전 전래의 제1인자라면, 전법의 제1인자 아소카왕이다. 아소카왕의 통치이념이 새겨진 석주는 지금까지 발견된 것은 40여 개이다. 석주 상단에는 사자상, 코끼리상, 말상 그 가운데 가장 뛰어난 것은 바라나시의 초전법륜지에 세워진 4마리의 사자상이다. 이 사자상의 의미는 인도의 4개의 큰 강을 뜻한다는 것이다. 이 사자상이 현재 인도를 상징하는 국장이기도 하다.

아소카왕은 부처님의 발자취를 따라 참배하기를 좋아하였다. 즉위 20년이 되었을 때 탄생지 룸비니, 카필라성, 고행지인 우루빌라촌, 성도지 보드가야의 보리수, 초전법륜지 녹야원, 입멸지 쿠시나가라 등 부처님의 모든 성지를 참배하고 발원하였다. 그리고 그곳에 부처님의 법에 따라 나라를 다스리겠다는 맹세의 글과 법칙들을 새긴 석주를 세웠다. 이 석주들은 후세에 불교의 자취를 알 수 있는 가장 중요한 자료가 되었다. 아소카왕은 다음과 같이 부처님에 대한 찬양의 말을 남겼다.

"부처님은 진정 거룩하신 분이시다."

부처님은 아리아인이 아닌 황색의 아시아인이다. 인도인은 부처님을 닮아 눈이 순한 소의 눈을 하고 있다. 그러면서도 총명하기가 다이아몬드만큼이나 반짝이며 지족知足과 겸손함으로 살아가는 사람들이다.

가섭 3형제 제도

부처님은 바라나시에서 깨달음의 경지를 시험하였다. 일승법一乘法
이 아닌 삼승법三乘法으로 시험하였다. 교진여의 깨달음으로 아라한
이 됨을 보고 잠시 머물다가 제자들을 모두 교화의 길로 떠나보낸
다. 그리고 홀로 우루빌라 가섭을 찾아 다시 보드가야로 왔다.

　　보드가야 주변은 많은 수행자와 종교인들이 각각의 깨달음으
로 전법 활동하는 곳이다. 그 가운데 가장 큰 교단은 불[火]을 섬기
는 3가섭의 바라문 교단이다. 니련선하를 중심으로 활동하고 있었
다. 가섭 3형제는 바라문 집안에서 태어나 부유한 생활을 하다가 출
가하여 고행승이 된 것이다. 머리에는 라개螺階라고 하는 커다란 상
투를 틀고 있었다. 바라문의 전통에 따라 베다의 성전을 읽고 성스
러운 불이 꺼지지 않도록 지켰다. 담을 쌓아 호마護摩를 행하면서 화
신火神 아기니Agni에 제사 지내면서 천상에 나기를 기원한다.

　　부처님은 우루빌라 가섭을 찾아갔다. 우루빌라는 처음에는 만
나주지 않았다.

> "나는 브라만이요, 싯다르타는 크샤트리아 출신이다.
> 아무리 왕족이라도 브라만을 쉽게 만날 수 있는 것이 아니다."

라고 말하면서 거절하였다. 부처님은 몇 번을 만날 것을 청하였다. 부처님은 다시

> "하룻밤을 자고 가게 해 달라. 잘 곳이 마땅하지 않으면
> 제사장 안이라도 상관없다."

제사장이란 곧 불의 호마를 행하는 장소이다. 이곳에는 우루빌라 가섭의 말만 듣는 사나운 용이 살고 있다. 불가사의한 능력을 지닌 용으로 보통사람은 한번 들어가면 살아서 나오지 못하는 곳이다. 우루빌라 가섭은

> "그 속에서 무슨 일이 일어나도 나는 책임지지 않겠소.
> 그래도 원한다면 그렇게 하시오."

하였다. 부처님은 화당火堂인 제사장 안으로 들어가 가사로 방석을 만들고 가부좌하여 화광삼매火光三昧에 들었다. 용은 부처님을 보자 불을 뿜으면서 삼킬 듯이 달려들었다. 화광삼매에 들은 부처님을 어찌하지 못하고 도리어 불에 타지 않던 용의 몸에 불이 붙은 것이다. 용은 불을 피하여 물을 찾아간다는 것이 부처님의 발우 속으로 들어가게 되었다. 이것이 항룡발降龍鉢의 법이다. 다음날 우루빌라

가섭과 제자 500명은

'훌륭한 수행자가 아깝게 희생물이 되었구나······.'

생각하고 제사장 문을 열었다. 부처님은 우루빌라 가섭에게 발우를 보이면서 이렇게 말씀하셨다.

"이것이 당신이 섬기는 용입니까?"

제자들은 용을 제압하고 불구덩이에서 나온 부처님을 보고 모두 놀라워하였다. 그러나 우루빌라 가섭은 보통으로 생각한 것이다. 부처님은 다시 가까운 숲에 머물면서 아침마다 우루빌라 가섭을 찾아와 공양을 같이하였다. 우루빌라 가섭도 그 정도는 허락하였다. 부처님은 매일 공양이 끝나면 신통 변화의 모습을 보이었다. 그러던 어느 날 우루빌라 가섭의 교단에 큰 의식이 있었다. 마가다국과 이웃 나라 국왕과 바라문과 시민들이 모두 모여 화신에 제사하는 날이다. 우루빌라 가섭은

'제사의식을 행하는 내일은 부처님이 참석하지 않았으면 좋겠다. 만일 그날 많은 사람 앞에 신통 변화라도 보인다면 나의 위신이 떨어질 것이다.'

라고 생각하였다. 부처님은 우루빌라 가섭의 생각을 읽고 다른 세

계인 울단월鬱單越 = 수미산 북쪽의 세계에 가셨다가 제사가 끝난 다음에 오셨다. 우루빌라 가섭은

"제사에 왜 참석하지 않고 어디에 다녀오십니까?"

라고 헛인사를 하였다.

"그대는 내가 오지 않았으면 좋겠다고 하여 다른 세계에 갔다
오는 것이요."

이로써 우루빌라 가섭은 부처님이 타심통까지 갖춘 것을 알았다. 이것 외에도 부처님이 가진 신통 변화를 많이 보았다. 제사장에 불을 붙이면 잘 붙지 않는 일, 제사가 끝나고 불을 끌 때 꺼지지 않는 일, 홍수가 나서 불어난 강물을 건너는 모습, 강물 위로 자유자재로 다니는 모습, 한 달 동안 만나면서 보여준 신통 변화에 우루빌라 가섭은 마음이 부처님에게로 기울어졌다. 부처님은 때가 되었음을 알고

"우루빌라 가섭이여! 그대는 아라한의 길에도 이르지 못했다."

이 말을 듣는 순간 우루빌라 가섭은 부처님 말씀을 인정하고 출가하여 부처님의 제자가 되기를 원하였다. 부처님은 우루빌라 가섭에게 말하였다.

"500명의 바라문의 지도자이니 제자들과 의논한 다음
갈 길을 선택하시오."

우루빌라 가섭은 제자들에게 부처님에 귀의할 뜻을 전하였
다. 제자들은 기다렸다는 듯이

"우리들도 오래전부터 부처님의 말씀을 듣고 마음으로 제자가
되기를 서원하였습니다. 이제 스승님께서 그분을 따른다니 우리
들도 그분을 따를 수 있도록 허락을 받아주십시오."

이렇게 하여 우루빌라 가섭과 그의 제자 500명이 모두 상투를
자르고 출가하였다. 그리고 제사에 사용한 도구를 모두 강물에 띄
워 보냈다. 니련선하 하류에 있던 둘째 나제가섭이 강물에 형님이
사용하던 제사용 도구가 떠내려오는 것을 보고 놀라 제자 300명과
함께 형님 처소로 왔다. 형님과 더불어 제자들이 출가하여 부처님
의 제자가 된 것을 보고

"형님, 나는 어떻게 하면 좋겠습니까?"

우루빌라 가섭은

"너도 출가하여 부처님의 제자가 되는 것이 좋겠구나."

하였다. 이에 둘째 나제가섭도 제자 300명과 함께 출가하여 부처님의 제자가 되었다. 이 소식을 들은 막내 가야가섭도 제자 200명과 함께 상투를 자르고 출가하여 부처님의 제자가 되었다. 이렇게 하여 3가섭과 그들을 따르던 제자 1,000명이 부처님께 귀의하여 제자가 되었다.

이 사건은 인도 전역의 바라문 교단에서는 대사건이다. 우루빌라 가섭은 나이 120세요, 둘째와 셋째도 모두 100세가 넘었다. 바라문교에서는 가장 존경받는 대 스승들이었다. 3가섭의 제도로 불교교화가 탄탄대로를 걷게 된 것이다. 부처님이 깨달음을 얻은 후 5비구로부터 증명받았고, 다시 바라문의 대 선지식으로부터 증명을 받은 셈이다. 1,000여 년을 내려오는 기존의 바라문 교단을 그것도 가장 신망받던 큰 교단을 교화한 것이 오늘까지 불교가 이 세상에 존재하게 된 근본이 된 것이다.

가야산정前 정각산의 불타는 법문

　'아라한阿羅漢 = 應供者'은 성자라는 뜻으로 인도의 모든 종교에서 공통으로 사용하는 말로써 이상을 실현한 사람을 가리키는 말이다. '지나Jina = 勝者', '붓다Buddha'라는 용어도 인도의 모든 종교에서 일반적으로 사용하는 용어들이다. 부처님은 3가섭과 1,000명의 제자 아라한과 함께 라지기르로 향하였다. 마갈타국의 빔비사라 왕과 약속을 지키기 위하여 왕사성으로 가시는 길이었다.

우루빌라 못, 니련선하 주위에서 3가섭과 그의 제자 1,000명의 귀의를 받아 출가시켜 함께 왕사성으로 가는 도중에 보드가야에서 서남쪽으로 2km 정도에 있는 가야산[象頭山]으로 향하였다. 이곳에서 처음으로 대중법문을 하였다. 불교 교화상으로 가장 유명한 불타는 법문이다. 코끼리 머리 형상의 가야산은 수행자의 몸인 보살로 계실 때, 수행의 열정이 불꽃같이 피어난 곳이다. 피골이 쌍접할 정도의 용맹정진 한 곳이다. 이제 이 자리에 3가섭과 1,000명의 제자에게 법문하신 것이다. 지금은 부처님의 제자가 되었지만, 일평생을 불의 신을 섬기면서 제사 지내던 수행자들이다. 이러한 제자에게 부처님은 불꽃의 법문을 하신 것이다. 보살의 불꽃 정진한 곳, 불을 섬기던 성자들, 부처님의 불꽃 법문은 여러 가지 인연의 의미를 담고 있었다.

> "비구들이여! 모든 것은 불타고 있다. 눈이 불타고 있고, 눈에 비치는 현상이 불타고 있고, 눈에 의한 인식이 불타고 있다. 눈과 그 대상과 접촉도 불타고 있다. 눈이 접촉함으로 생기는 즐겁고, 괴롭고, 괴롭지도 않고, 즐겁지도 않은 것, 감수感受도 불타고 있다. 이와 같이 귀와 코와 혀와 몸과 마음도 모두 눈의 작용처럼 불타고 있다. 왜 불타고 있을까? 탐욕의 불, 노여움의 불, 어리석음의 불꽃이 타오르고 있다. 태어나고 늙고 병들고 죽고 걱정하고 슬퍼하는 불이 타오르고 있다."

이 법은 4성제법과 8정도법 과는 또 다른 법이다. 모든 중생이 쉽게 깨달을 수 있는 법이다. 부처님의 불꽃 법문을 듣고 1,000명의 제자는 모두 아라한이 되어 해탈하였다. 이것이 인연설법이며 근기설법인 것이다. 모든 것은 시간과 장소와 사람, 이 세 가지가 합을 이룰 때 가장 높은 수준의 공덕이 일어나는 것이다. 3가섭과 1,000명의 제자는 부처님을 만나 40일이 되지 않아 아라한이 된 것이다. 아라한과를 얻은 대 선지식과 함께 바라나시와 보드가야를 등지고 당당하게 왕사성으로 교화의 길을 가는 것이다.

"자비한 가르침에 머리 숙여 합장합니다."

III
사슴 동산에서 법륜을 굴리다

전설보다 오래된 도시 갠지스강이 흐르는 바라나시, 석가모니불이 처음으로 설법지 녹야원! 부처님이 법을 설할 때 사슴들도 함께 들은 곳을 녹야원이라 한다. 기단 부위만 남은 부처님의 진신사리탑 다르마라지카 스투파, 원형이 고스란히 보존된 다메크 스투파, 윗부분은 훼손되고 하단만 남은 아소카왕 석주, 번창했던 부처님 성지에 박물관이 자리 잡고 있다.

바라나시를 향하여
"거룩한 부처님께 귀명歸命합니다."

불교를 있게 한 도시 바라나시Varanasi. 인도교의 수행자들은 수행의 목적이 자신의 종교적 완성에 만족할 뿐이다. 남을 제도한다는 생각을 하지 않는다. 내가 법을 설하든 설하지 않든 진리의 법은 자연절로 퍼지게 되어 있다고 확신하고 있다. 이것을 불교에서는 독각獨覺 또는 벽지불辟支佛이라 하여 이승二乘으로 보고 따르지 않도록 가르쳤다. 부처님이 깨달음을 얻은 후 교화를 망설인 것은 첫째 인도교의 이러한 사상 때문이며, 둘째 현재 중생들의 근기로는 부처의 깨달은 법을 이해하지 못할 것을 알았기 때문이다. 부처님이 위대한 것은 이러한 두 가지 이유를 물리치고 교화하신 것이다. 그것은 출생할 때

"삼계는 모두 괴로움이다. 내가 마땅하게 그들을 편안하게 하리라."

라고 약속한 것을 실천하고자 부처에서 다시 보살이 되어 바라나시

로 떠나는 것이다. 홀로 왔다가 홀로 떠나는 것이다. 이것이 오고 감의 진리이다. 불교와 타교를 나눌 때 소승小乘과 대승大乘을 구분하는 것이다.

불교는 본래 소승이니 대승이니 구분이 없다. 근본根本이냐, 지말支末이냐, 화신의 가르침이냐, 법신의 진리냐만 있을 뿐이다. 소승 대승의 구분은 중국에 불법이 전해지면서 장소와 시간[歷史]에 의하여 소승불교 대승불교로 구분하였다. 보살이 깨달음을 얻어 부처가 되었을 때 중생을 위하여 교화하는가? 아니하는가? 에 따라 소승적이다 대승적이다 구분되는 것이다. 부처님은 바라나시로 가기 위하여 금강보좌에서 첫발을 내딛는 순간, 불교는 대승적인 행보가 시작된 것이다.

석가모니불은 보드가야 보리수 아래에서 중생교화를 결심하고 무상정등정각의 부분적 법을 받을 수 있는 사람을 찾기 위하여 선정에 들었다. 카필라성을 나와 출가한 후 많은 선지식을 만났지만, 그 가운데 법을 받을 만한 선인은 많지 않다. 바이샤리 근교에서 만난 아라다 카르마 선인을 생각하였다. 성불하기 7일 전에 열반하였다. 다음으로 라지기르하 근교에서 가르침을 받은 우드라카 라마푸트라 선인은 지난밤에 열반에 들었음을 알았다. 다시 전법자를 찾는 중에 함께 고행하던 5비구를 생각하였다. 바라나시 근교 사슴의 동산 입구에서 수행하고 있음을 확인하였다. 부처님은 보드가야에서 사르나트[鹿野苑]까지는 250여km 먼 거리를 탁발에 의지하며 홀로 떠난다. 탁발하면서 가는 것은 속세를 벗어난 깨달음은 없다는 것을 보여주기 위한 행이다. 부처님은 보드가야의 이웃 가야 근처에서 자이나교의 사상과 가까운 사명 외도 우파카를 만났다. 우파카는

"당신의 모습은 맑고 얼굴빛은 환하게 빛나고 있습니다.
존경스럽습니다."

이에 부처님은 수행자임을 알고 깨달음에 관한 법을 말씀하셨다. 그러자 우파카는 이렇게 물었다.

"당신을 가르치는 스승은 어떤 분인데 이러한 괴변을 하는 것이오?"

부처님은 말씀하셨다.

"나는 스승 없이 혼자 깨달아 모든 것을 이긴 일체승자一切勝者
이며, 모든 것을 아는 일체지자一切智者이다. 굳이 스승을 말하라
면, 진리가 나의 스승이다."

부처님은 확신에 찬 표정으로 말하였다. 그러나 우파카는 고개를 갸웃거리며,

"스승 없이 깨달음을 얻을 수는 없소."

라며 냉소적인 한마디를 남기고 떠났다. 먼 훗날 우파카도 부처님 제자가 되어 출가한다.

부처님은 우파카가 떠나는 모습을 보고

'나의 법을 듣는 자가 과연 해탈을 얻을 수 있을까?'

를 생각해 본다. 원래 진리를 깨우치기 위한 고행과 수행은 서로 다른 법이다. 진리를 알기 위해서는 우선 선지식을 친견해야 한다. 올바른 스승에게서 가르침을 받고 그분의 말씀에 따라 고행을 해야 한다. 이 단계까지는 스승의 도움이 필요하다. 고행의 단계를 지나 깨달음을 얻고자 하는 수행단계에서는 스승의 가르침이 필요 없다. 이때부터는 혼자 가야 한다. 외로움의 수행법으로 깨달음을 얻어야 한다. 부처님은 스승에게 법을 배운 뒤 가르침과 같이 수행하여 모든 분야에서 스승의 경지를 뛰어넘었다. 그런 다음 자신만의 방식으로 스승 없이 아뇩다라삼먁삼보리를 증득한 것이다.

모든 선각자는 이와 같다. 누구도 가지 않는 길을 먼저 가고 누구도 알지 못한 길을 개척하는 것이다. 진각성존도 무사득오無師得悟하였다. 10년간 선지식을 찾아 법을 배우고 마지막 가르침인 관세음보살의 명호를 부르다가 모든 것을 놓고 '옴마니반메훔' 육자진언六字眞言 수행으로 스승 없이 정도正道를 깨달은 것이다. 사명외도邪命外道인 우파카를 만남으로 부처님은 자신감에 큰 충격을 안겨주었다. 이때부터 부처님은 교육자로서 고뇌하며 새로운 해법을 모색

하게 되었다. 수행자로서의 깨달음과 그것을 알려주는 교사로서의 방식은 달리해야 했다. 비유하면, 요리하는 법과 맛을 내는 법은 다르다. 맛은 양이나 방법에 있는 것이 아니다. 손끝에서 나고 마음에서 나는 것이다. 맛을 어떻게 가르치겠는가? 수행이 자기와의 투쟁이라면 교육은 타인에 대한 배려가 우선되어야 한다. 이로써 부처님은 머나먼 길을 가는 가운데 보행선정步行禪定에서 사성제四聖諦와 팔정도八正道를 일불승一佛乘 법이 아닌 일보살승一菩薩乘으로 낮추면서 체계적 가르침을 위한 논리적 구조를 확보할 수 있었다.

바라나시의 갠지스강

●

영불탑迎佛塔

부처님은 보드가야를 출발하여 서북쪽을 향하여 가야를 지나고, 우루빌라 못을 지나 갠지스강을 건너 바라나시로 들어갔다. 처음 출가하여 내려왔던 길을 다시 거슬러 올라가는 것이다. 수행자로 내려올 때 만난 마가다국의 빔비사라 왕과의 약속, 부처를 이루면 제일 먼저 제도해 주기를 약속한 그 약속을 어기고 5비구를 먼저 찾은 것은 일보살승의 법이었다. 하지만, 그 법이 고귀하여 수행하지 않는 자에게 전하기는 아직 빠름을 알았다. 특히 권력을 가진 빔비사라 왕은 쉽게 깨닫지 못한다는 것을 알았기에 먼저 함께 수행한 다섯 비구를 택한 것이다.

바라나시로 갈 때 강을 건넌다는 것은 부처님에게는 큰 의미가 있다. 강은 곧 차안此岸과 피안彼岸의 경계를 뜻한다. 차안에서 피안으로 나아간다는 상징성이 있다. 무상정등정각을 이룰 때도 수자타의 공양을 받고 니련선하 강을 건너 필발라 숲으로 들어갔다. 이것이 보살의 자리에서 부처 자리로 나아가는 강 건넘이었다. 이제 갠지스강을 건너는 것은 부처로써 교화의 문을 열기 위한 해탈의 강 건넘이다. 니련선하가 자신을 위하여 건너간 것이라면, 갠지스강은 일체중생을 위하여 건너는 대자대비의 건넘이다. 많은 종교의 창시자들이 강을 건너는 모습들도 모두 이 같은 의미를 담고 있다. 중생은 윤회를 벗어나지 못하면서 해탈의 강만을 건너고 있다. 이제 부처님은 윤회를 벗어나는 강을 건너게 하고자 갠지스강을 건너는 것이다.

강을 건넌 부처님은 탁발하면서 3칠일 만에 사슴의 동산 가까이 이르렀다. 바라나시는 25℃의 화창한 봄 날씨다. 햇볕은 따갑지만 다니기 좋은 날씨이다. 부처님은 수행자들의 법대로 아침에 마을에서 탁발하여 공양을 마치고 교외의 있는 사슴의 동산으로 향하였다. 가는 길에 5비구가 수행하는 작은 언덕에 이르렀다. 5비구는 저 멀리 부처님이 오시는 것을 보았다.

> **"파계자 싯다르타가 온다. 우리는 경의도 표하지도 말고, 영접하**
> **지도 말고, 돌아보지도 말고, 다만 그가 앉을 자리만은 비워두자"**

라며 서로 약속을 하였다. 그러나 가까이 오신 부처님의 위의威儀를 보는 순간 싯다르타 태자의 모습은 예전의 모습이 아니었다. 몸에서는 황금빛 광채가 나는 자비로운 모습이다. 5비구는 누가 먼저라 할 것 없이 서로 영접하면서 맞이하였다.

5비구가 부처님을 맞이한 이곳을 200여 년 뒤에 아소카왕이 그 당시를 기념하기 위하여 원형의 탑을 세웠다. 높이 43m의 영불탑迎佛塔이다. 현재는 원형의 탑 위에 8각형 탑이 세워져 있다. 이것은 악바르 황제가 부친의 무사함을 기념하기 위하여 세운 것이다. 황제의 아버지가 난을 피하여 도망가는 중에 반타비구니의 도움으로 이곳에 몸을 숨겨 목숨을 보전하였다. 훗날 아들인 악바르 황제가 둥근 영불탑 위에 이슬람의 전통모양인 8각의 탑을 올린 것이다. 이슬람은 부처님의 발자취가 닿은 곳은 모두 파괴하면서 유일하게 이곳은 원형 탑을 이용하여 이슬람 탑을 그 위에 올려놓았다. 그러면 이슬람 탑이 되는지……참으로 어리석은 행동이다.

바라나시 영불탑

●

초전법륜지 녹야원

부처님은 영불탑에서 5비구의 영접을 받고 아무 말씀 없이 300m 정도 거리에 있는 사슴의 동산으로 발걸음을 옮겼다. 5비구도 부처님을 따랐다. 사슴이 노니는 평화로운 숲, 나무가 울창한 언덕의 숲에 이르렀다. 때에 전법륜보살이 하늘의 보좌天寶座를 내렸다. 부처님은 결가부좌로 그 자리에 앉았다.

　　　보드가야 필발라 숲에서 길상 동자가 길상초를 깔아준 것과 이곳에 하늘의 보좌를 내린 것은, 석가모니불이 곧 비로자나불의 화현임을 증명하는 장면이다. 문수와 보현은 비로자나불의 좌우보처 보살들이다. 길상 동자는 문수보살의 화현신이요, 전법륜보살은 보현의 화현신이다. 수행자의 모습일 때는 동자로, 설법자의 모습일 때는 보살로 나타나 석가모니불을 보호하는 것이다. 앞으로도 석가모니불은 언제 어디서나 비로자나불의 보호를 받을 것이다. 5비구는 부처님이 앉은 보좌 앞에 마주 앉았다. 조용하게 선정삼매에 들었다. 중생들의 모든 근기를 관하면서 밤이 깊어질 때까지 삼매에 들었다. 바람 한 점 없이 고요 속에서 숲속은 모두 잠이 들었다.

　새벽이 되어 전법륜보살이 설법의 시간이 되었음을 알고 륜보輪寶를 바쳤다. 부처님은 륜보가 돌아가는 가운데 전법륜인轉法輪印을 결하고 사자후獅子吼를 하셨다. 깨달음의 일음一音은 사슴의 동산에 울려 퍼졌다. 조용하던 동산이 진동한다. 뭇 생명이 어두움에서 깨어난다. 긴 번뇌의 잠에서 깨우는 법문이 시작되었다. 초전법륜의 대작 불사가 이루어진 것이다. 나무와 초목과 사슴과 뭇 새들이 귀를 쫑긋이 사자후를 들었다. 녹야원에서 고집멸도苦集滅道의 사성제법四聖諦法과 중도진리中道眞理의 법륜을 굴리셨다. 2만여 마리의 사슴도 함께 들었다. 이로써 녹야원鹿野苑이 초전법륜지가 된 것이며, 사슴과 륜보가 전법의 상징이 된 것이다.

　중도中道는 무엇인가? 부처님은 양극단을 버리고 중도를 깨달았다. 중도로 인하여 바르게 관찰하고 바르게 인식하는 눈을 뜨고 적멸의 열반에 이르게 하였다. 고행하는 중에도 지나친 고행은 깨달음과는 전혀 관계가 없음을 알았다. 즉 극단적인 고행이나 느슨한 고행으로 몸을 학대하여 음식을 끊고 숨을 멈출 정도의 고행으로 죽음 직전까지 이르렀으나 아무것도 얻지 못하였다. 반대로 무사안일하게 시간만을 보내는 수행도 깨달음과는 거리가 멀다는 것을 알았다. 거문고의 줄처럼 중도의 길을 찾아가는 것이 최고의 수행이다. 최고의 중도 수행으로 깨달음을 얻을 수 있다. 무상정등정각이 곧 중도의 진리를 깨달았다는 뜻이다.

사성제四聖諦란 무엇인가? 사성제란 성스러운 4가지 진리로써 고성제苦聖諦·집성제集聖諦·멸성제滅聖諦·도성제道聖諦를 가리킨다. 인간의 존재 자체는 태어남도 괴로움이요, 늙음도 괴로움이요, 아픈 것도 괴로움이요, 죽는 것도 괴로움이다. 얻고자 하는 것을 얻지 못함도 괴로움이요, 사랑하는 사람과 헤어짐도 괴로움이요, 원수와 빚진 사람을 만나는 것도 괴로움이요, 이 몸을 이루고 있는 사대 오온五蘊이 모두 괴로움이다. 중생의 삶에는 행복이든 불행이든 모두 괴로움[苦]을 동반하고 있다. 이 괴로움의 원인이 무엇인가? 즐거움을 가지고자 하는 욕망慾望, 그것을 지키고자 하는 집착執着, 영원할 것이라는 어리석음이 모여[集] 끝없이 윤회하는 것이다. 이러한 괴로움, 욕망, 집착, 어리석음을 완전히 없애야 열반을 얻을 수 있다[滅]. 그 방법으로 여덟 가지 바른길이 있음을 부처님은 말씀하셨다.

> **"나는 이렇게 중도의 진리로써 고집멸도를 알고, 팔정도를 실천하는 3단계 수행으로 부처가 되었다. 이것이 확고한 깨달음의 경지이다. 이제부터 태어나는 일이 없을 것이다. 현생이 나의 마지막으로 태어난 생이 될 것이다."**

고집멸도의 가르침은 일상생활 속에 행할 수 있는 법이다. 팔정도는 올바른 견해正見, 올바른 말正語, 올바른 행위正業, 올바른 생활正命, 올바른 알아차림正念, 올바른 정신正定, 올바른 사유正思惟, 올바른 노력正精進을 의미한다. 석가모니불은 팔정도를 실천함으로써 올바른 삶을 살 수 있음을 강조하였다. 비유하면, 코끼리의 발자국이 다른 동물들의 발자국을 포용하듯이 모든 가르침의 근원이 사성제와 팔정도임을 말씀하신 것이다. 설법을 마치자 5비구 가운데 교진여橋陳如가 곧바로 깨달음을 얻었다. 이로 인하여 부처님은 내가 설하는 법을 깨달을 수 있는 법이라는 것을 증명받고, 중생들에게 깨달음의 법을 전하고자 용기를 내었다. 그러한 뜻에서 부처님은

"이제부터 교진여를 아약 교진여阿若橋陳如라 하라."

하셨다. 아약阿若 = Ājñāta은 반야와 같은 뜻으로 '완전하게 이해하였다'는 뜻이다. 부처님은 깨달음의 일승법을 중생들의 근기에 맞는 삼승법으로 정리하고 그 대상자를 찾아 여기까지 오신 것에 만족하였다. 부처님의 법이 세상에 존재하게 한 제일 공로자는 교진여이다. 만일 교진여의 깨달음이 없었다면 오늘날의 불교 전법은 없었을 수도 있다. 부처님은 교진여에 대하여 칭찬하신 부분들이 경전에 나타난다. 《증일아함경》 제자품에

나의 성문 제자 가운데 첫 번째 비구가 아약 교진여이다. 성품이 너그럽고 인자하고 지혜롭다. 방편으로 대중을 교화하되 위의를 잃지 않는 최고의 비구이다.

고 하셨다. 부처님은 이곳에서 5비구와 함께 선정의 정진을 하면서 순번을 정해 탁발하여 식량을 구해왔다. 부처님은 큰 나무 그늘 근본 향적사에 머물면서 설법을 계속하였다. 먼저 파부婆沙波 = 十力迦葉

와 발제리가跋提梨迦가 깨달음을 얻고, 끝으로 아설시阿說示＝馬勝과 마남구리摩男拘利가 깨달음을 얻어 5비구가 모두 아라한阿羅漢이 되었다. 석가모니불의 첫 제자가 되면서 승가僧伽가 이루어진 것이다.

녹야원 불사리탑 군

12인연법 · 육바라밀 · 37조도품

5비구가 사성제와 팔정도를 깨달아 아라한聲聞乘의 성문승聲聞乘이 되었으나, 비로자나불의 경지인 성불의 법은 아니다. 12인연법을 설하기 위한 기초적인 법이다. 12인연법도 연각승緣覺乘이 되는 것이지 완전한 깨달음의 법이 아니며, 보살의 육바라밀 실천법을 설하기 위한 법이다. 육바라밀 실천법하여 보살승菩薩乘이 되어 성불할 수 있도록 돕는 법이 37조도품助道品이다.

    부처님은 중생근기에 맞도록 먼저 사성제를 설고, 순차적으로 법을 설하였다. 중생에게 부처의 경지에 오를 수 있는 첫 번째의 법이 사성제이다. 사성제 법 중에 도성제道聖諦가 팔정도八正道이다. 이두 가지 법을 깨달으면 성문聲聞의 경지인 아라한이 되며, 12인연법을 깨달아 연각이 되게 하였으며, 중생교화와 열반에 이르는 6가지 방편인 보시布施=자비를 베풂 · 지계持戒=계율을 실천 · 인욕忍辱=욕됨을 참음 · 정진精進=항상 노력함 · 선정禪定=마음을 고요하게 함 · 지혜智慧=좋은 일을 적극적으로 실천함의 육바라밀를 설하여 보살이 되게 하였다.

해탈에서 열반에 이르도록 육바라밀을 실천하게 하고 난 다음, 열반에서 성불에 오르는 수행법으로 사념처四念處·사정근四正勤·사여의족四如意足·오근五根·오력五力·칠각지七覺支·팔정도八正道를 합친 37조도품三十七助道品을 차례대로 설하였다.

성불이란 무엇인가?

《법화경》에서 부처가 될 수기를 내릴 때

너는 장차 ○○여래如來 **응공**應供 **정변지**正遍知 **명행족**明行足 **선서**
善逝 **세간혜**世間慧 **무상사**無上士 **조어장부**調御丈夫 **천인사**天人師
불세존佛世尊**이라 하리라.**

하였다. 이것은 열 가지를 모두 갖추어야 성불이 된다는 뜻이다. 석가모니불은 모든 것을 갖추어서 일체승자一切勝者가 되고, 일체지자一切智者가 되었다.

석가모니불 이후로는 열 가지 공능功能을 완전하게 갖춘 분은 없었다. 깨달음을 얻었다는 선지식들은 여래 십호 중에 여래가 되거나, 응공이 되거나, 정변지가 되거나, 명행족이 되거나, 선서가 되거나, 세간혜가 되거나, 무상사가 되거나, 조어장부가 되거나, 천인사가 되거나, 불세존 가운데 어느 하나의 경지에 올랐을 뿐이다. 초전법륜이후 5비구, 10대제자, 1250인 대 비구들은 모두 깨달음을 얻은 응공의 아라한으로 천인사에 속하는 선지식이다. 즉 성문의 사과 중에 첫 번째 수다원을 얻어도 깨달은 것이요, 사다함이 되어도 깨달은 것이며, 아나함이 되어도 깨달은 것이요, 아라한이 되어도 깨달은 것이다. 12인연 중에도 무명의 깨달음이 있고, 행行의 깨달음이 있으며, 식識의 깨달음도 있고, 이렇게 명색名色, 육처六處, 촉觸, 수受, 애愛, 취取, 유有, 생生, 노사老死의 깨달음이 있다. 보살도 마찬가지이다. 육바라밀 가운데 보시법을 깨달아도 보살이요, 계행을 깨달아도 보살이며, 인욕을 깨달아도 보살이요, 정진을 깨달아도 보살이며, 선정을 깨달아도 보살이요, 지혜를 깨달아도 보살이다. 이 모든 경지에 오른 것을 '깨달음을 얻었다'라고 하는 것이다.

부처님의 십대제자란 심왕心王인 부처님이 가진 공능을 10명이 각각 하나씩 나누어 가진 심수心數 제자를 말한다.

마하가섭摩訶迦葉은 부처님의 착한 마음과 검소儉素한 마음을 가지고 수행하여 깨달았기 때문에 두타제일頭陀第一이라 하며, 아난다阿難多는 부처님의 듣고 받아들이고 기억하기를 좋아하는 마음을 깨달았기 때문에 다문제일多聞第一이라 하며, 사리불舍利弗은 부처님의 뛰어난 지혜의 마음을 깨달았기 때문에 지혜제일智慧第一이라 하고, 목건련目揵連은 부처님의 정定에 들기를 좋아하는 마음을 깨달았기 때문에 신통제일神通第一이라 하며, 아나율阿那律은 부처님의 뜻으로 짓는 것[作意境界]을 좋아하는 마음과 눈으로 보지 않고 마음으로 보고자 하는 마을을 깨달았기 때문에 천안제일天眼第一이라 하고, 부루나富樓那는 부처님의 생각[想]을 읽고 말을 잘하는 마음을 깨달았기 때문에 설법제일說法第一이라 하며, 수보리須菩提는 부처님의 공空을 이해하면서 무쟁삼매無諍三昧에 들기를 좋아하는 마음을 깨달았기 때문에 해공제일解空第一이라 하고, 가전연迦旃延은 부처님의 이치를 깊이 궁구하기를 좋아하는 마음을 깨달았기 때문에 논의제일論意第一이라 하며, 우바리優婆離는 부처님의 계율과 바른 행 지니기를 좋아하는 마음을 깨달았기 때문에 지계제일持戒第一이라 하며, 라훌라羅睺羅는 부처님의 공덕을 숨기고 감추기를 좋아하는 마음을 깨달았기 때문에 밀행제일密行第一이라 하는 것이다.

이처럼 부처의 경지는 쉽게 오를 수 있는 경지가 아니기에 지금까지 수 없는 수행자들이 실천 수행하여 깨달음을 얻었으나 아무도 부처의 칭호를 받는 분이 없다. 그 후 제2 석가요, 8종의 조사라 불리는 용수도 부처라 부르지는 않는다. 보리달마菩提達磨, 육조 혜능도 마찬가지로 부처님이 가진 공능 가운데에 그 시절에 맞고 그 사람에게 맞는 깨달음을 얻어 해탈의 경지와 열반의 경지에 올라 대사가 되고, 종사가 되고, 선지식이 되고, 대 스승이 되어 존경을 받은 것이다. 그러므로 밀교에서는 해탈과 열반과 성불의 경지가 다르다고 말하며, 비로자나불 및 오불을 제외한 모든 깨달은 자를 부처님 십호 중 하나인 여래로 보아 일체여래一切如來라 부르는 것이다.

중생이 세상에 존재하고 삼라만상이 형성되는 것은 모두 인연법칙에 의한 것이다. 인연법은 아리안이 인도에 들어오기 이전부터 본래 있었던 법이다. 다만 이 법을 깨달은 자가 없었을 뿐이다. 이제 법신 비로자나불이 중생을 위하여 싯다르타로 환생하여 6년 고행으로 보살이 되었고, 진리를 스승삼아 마왕을 항복 받고, 깨달음을 얻어 석가모니불이 되었다. 석가모니불과 같은 화신불은 과거에 천불이 계셨고, 현재에도 천불이 탄생할 것이며, 미래에도 천불이 출현할 것이다. 중생이 세상에 존재하는 날까지는 비로자나불은 언제든지 화신으로 출현하여 중생을 제도할 것이다. 중생이 없으면 부처도 보살도 출현하지 않는다. 인연 있는 중생이란 곧 불보살과의 인연을 말한다. 가섭불이 세상에 출현할 때는 가섭불과 인연 있는 중생이 이 땅에 먼저 와서 기다리고 있었을 것이요, 석가불이 출현할 때는 석가불과 인연 있는 중생들이 먼저 와서 기다리고 있었으며, 미래에 온다는 미륵불이 출현할 때는 미륵불과 인연 있는 중생들이 먼저 와서 기다릴 것이다.

● 녹야원의 안거安居

부처님이 5비구와 함께 녹야원 숲에서 우안거雨安居를 하는 동안 바라나시의 대지주의 아들 야사耶舍가 법을 듣고 출가 수행하여 일곱 번째의 아라한이 되었다. 그리고 그의 친구 4명을 포함한 동료 50명을 제자로 받아들여 출가시켜 최초의 비구 승가를 성립되었다. 부처님과 더불어 56명의 아라한이 된 것이다. 그리고 야사의 출가를 만류하기 위해 찾아온 부모님도 불교에 귀의하여 재가 신자가 되었다. 이로써 재가 교단이 형성되었다. 또 카필라성의 부호이며 정반왕의 국사의 아들로 부처님과 생년월일이 같은 부루나富樓那도 바라나시 갠지스강에 순례차 왔다가 녹야원의 부처님이 계신다는 소식을 듣고 찾아와 법을 듣고 출가한 곳이기도 하다. 부처님은 56명의 아라한 제자에게

"나는 아뇩다라삼먁삼보리阿耨多羅三藐三菩提를 이루어 모든 속박에서 벗어나 대 자유인이 되었다. 너희들도 모든 속박에서

벗어나 자유인이 되었다. 이제 교화의 길로 떠나라. 중생들을 모든 속박에서 벗어나 안락을 주고 이익된 삶을 살도록 세상으로 나아가 자비를 베풀어라. 일체의 모든 신과 만물에도 이익과 안락을 베풀어라. 처음도 좋고 중간도 좋고 끝도 좋은 법을 전하여라. 그리고 안전하고 깨끗한 수행 생활을 보여주어라. 길을 떠나되 두 사람이 함께하지 말아라. 인연 있는 모든 사람을 제도하여라.”

라고 선언하셨다. 제자들은 부처님의 말씀을 따라 각각의 장소를 택하여 교화의 길로 떠났다. 교화는 쉬운 것이 아니다. 항상 어려움이 따른다. 부처님과 부루나의 대화에서 볼 수 있다. 부루나가 부처님께 여쭈었다.

“부처님의 가르침에 따라 서방 수로나輸盧那 지역으로 유행하고자 합니다.”

“부루나야! 수로나 사람들은 흉악凶惡하며 경조輕躁하여 싸우기를 좋아한다. 만약 저들이 너에게 욕하면 어찌하겠느냐?”

“부처님이시여! 만약 저들이 제 앞에서 욕을 한다면 나는 이렇게 생각하겠습니다. ‘이 사람들은 어질고 착하고 지혜가 있으므로 비록 나에게 욕설은 하지만 나를 돌로 치지는 않는구나’ 하겠습니다.”

"부루나야! 저들의 욕설은 네가 참을지라도 다시 돌로 친다면 어찌하겠느냐?"

"부처님이시여! 저들이 만일 돌로 나를 친다면 저는 이렇게 생각하겠습니다. '저들은 어질고 착하고 지혜가 있으므로 비록 돌로써 나를 칠지라도 칼이나 몽둥이는 사용하지 않는구나' 하겠습니다."

"부루나야! 만일 저들이 칼이나 몽둥이로 너를 친다면 어찌하겠느냐?"

"부처님이시여! 만일 저들이 칼이나 몽둥이로 저를 친다면, 저는 이렇게 생각하겠습니다. '저들은 어질고 착하고 지혜가 있으므로 비록 칼이나 몽둥이로 나를 칠지라도 아직 죽이지는 않는구나' 하겠습니다."

"부루나야! 저들이 너를 죽인다면 어떻게 하겠느냐?"

"부처님이시여! 만일 저들이 나를 죽인다면 이렇게 생각하겠습니다. '부처님의 제자들은 몸을 싫어하고 근심하여 혹은 칼로써 자살도 하고 혹은 독약도 먹으며 혹은 목도 베고 혹은 깊은 구렁에 떨어지기도 하는데, 저들은 어질고 착하고 지혜가 있어서 내 썩어지는 몸을 방편으로써 해탈을 얻게 하는구나' 하겠습니다."

"착하다, 부루나여! 너는 인욕을 잘 배웠다. 너는 이제 수로나에 가서 있을 만하다. 너는 마땅히 저들을 제도하여 편안하게 하고 열반을 얻지 못한 자에게 열반을 얻게 하여라"

하셨다. 이로써 아라한과를 얻은 제자들은 용맹심을 가지고 일체중생을 편안하게 열반을 얻게 하고자 전법의 길로 나섰다.

녹야원은 최초의 설법과 최초의 출가와 최초의 아라한을 얻고 최초의 교단과 최초의 재가 신자가 생긴 곳에서 제자들은 4방으로 각각 교화수행의 길을 떠났다. 제자들이 모두 떠난 다음 부처님은 홀로 갠지스강 남쪽을 건너 마가다국 보리수동산으로 향했다. 녹야원에서 다시 왔던 길로 되돌아가는 길이다. 우루빌라 가섭을 제도하기 위하여 길을 떠나는 것이다우루빌라 가섭 3형제의 제도와 가야산정에서의 불타는 법문 부분을 보드가야 편에서 다시 볼 수 있다. 가는 도중에 다시 30명의 청년을 출가시켜 아라한이 되게 하였다.

현재 녹야원 다메크 · 다르마라지카 스투파

녹야원[사르나트]은 한때 30여 개의 승원이 있었으며, 3천여 명의 승려가 머물던 곳이다. 녹야원에 현재까지 유일하게 원형이 보존된 다메크 스투파는 첫 설법지를 기념하기 위한 탑이라고도 하고, 석가모니불이 미래의 부처님이 될 미륵보살에게 전법傳法하는 기념으로 아소카왕이 세운 탑이라고 한다. 탑은 지름 32m, 높이 43m에 이르는 거대한 원형 탑으로 하단은 마우리아 양식, 상단은 굽타 양식으로 조성되어 있다. 이슬람 군대의 침입으로 군데군데 훼손되었으나 비교적 보존상태가 좋은 편이다.

다르마라지카의 5비구 설법지. 부처님의 명상처, 전법륜사轉法輪寺＝무라간다구키 정사인 대향적사, 네 토막으로 부러진 아소카왕 석주. 수달타 장자 거사계 수계처. 박물관, 그리고 법당 안의 벽화에는 살인마 앙굴마라가 99혹은 999개의 손가락 목걸이를 걸고 부처님을 향하는 벽화가 있다. 당시의 규모가 어느 정도였는지를 말해주고 있다.

1835년 영국 왕립 고고학회가 발굴하여 중심부의 수직갱도를 파 내려가던 중 "제법諸法은 인因에서 생긴다."라고 기록된 6~7세기 무렵의 〈법신게法身偈〉가 발견되었다. 인도가 영국의 식민지 지배를 받던 1794년 바라나시 지역의 영국 관료가 이곳 벽돌을 채취하여 자신의 저택을 짓는 데 사용하느라 스투파를 훼손했다고 한다. 당시 이곳에서 부처님 사리가 발견되었으나 무지한 영국인이 갠지스강에 뿌렸다 하며, 그 사리를 담았던 사리함만이 현재 델리 국립박물관에 보관되어 있다. 최초의 보살상 및 초전법륜상 역시 이곳에서 출토되었다. 지금도 '다메크 스투파 주변을 일곱 바퀴 돌면 소원이 이루어진다' 하여 이곳을 찾는 순례자는 저마다 소원을 빌면서 탑돌이를 한다.

다르마라지카 스투파 옆에 있는 아소카왕이 세운 석주는 20m 넘는 거대한 돌기둥이었으나 대부분이 훼손되어 지금은 하단만 남아있다. 석주의 상단에 종 모양의 연꽃이 조각되었고, 연꽃 위에 법륜을 상징하는 네 개의 바퀴가 있고, 그 위에 동서남북 사방을 향한 네 마리의 사자상이 조각되어 있었다. 이 사자상은 인도 정부의 국장國章으로 현재 통용되는 화폐에도 인쇄되어 있다. 이곳에서 발굴된 불상은 사르나트 고고학박물관에 이 지역에서 발굴된 유물들과 함께 전시하고 있다.

녹야원 주변에 스리랑카 정부가 세운 무라간다푸티 비하르[사원]는 사르나트 일대에서 가장 번듯한 불교 사원이다. 1931년에 시공하여 3년 뒤에 완공하였다. 사원 안에는 한가운데는 이곳에서 발굴

녹야원 다메크탑

된 불상과 꼭 같은 모조품의 불상이 모셔져 있고, 양쪽 벽면에는 석가모니불의 일생을 담은 벽화가 그려져 있으며, 중앙 불상 아래에는 설법을 듣는 다섯 제자와 두 마리의 사슴이 조각되어 있다.

박물관 왼쪽에는 불교 유물, 오른쪽에는 힌두교 유물이 진열되어 있다. 불교 전시관에는 부처의 미소가, 힌두교 전시관에는 시바Śiva 링가Liṅga의 조각이 있으며, 중앙 전시관에는 아소카 석주의 상단에 있던 네 마리 사자상이 보존되어 있다.

갠지스강

갠지스강은 인도의 가장 성스러운 강이다. 갠지스강의 실제 원천은 히말라야산맥의 가우무크해발 4,225m 산에서 시작하여 강고트리해발 3,140m로 흐르는 것과 바드리나트에서 시작하여 웃타르푸라데시주의 동쪽으로 100km 정도 흘러 비하르주로 흐르면서 좁은 협곡을 갈지[之]자로 흐르면서 델리 앞을 흐르는 야무나강과 알라하바드에서 합쳐져서 동쪽으로 2,800여km를 흐르다가 다시 북으로 흐르면서 바라나시 앞을 지나 콜카타로 흐른다.

갠지즈 강의 흐름을 따라 힌두교의 7대 성지가 자리하고 있다. 강고트리·바드리나트·리시케시·하르드와르·알라하바드·바라나시·콜카타가 그곳으로, 이 가운데 바라나시는 성지 중의 성지라 한다. 바라나시 동쪽에 남에서 북으로 흐르는 갠지스강은 힌두교의 파괴의 신, 창조의 신, 금욕의 신인 시바의 삼지창처럼 야무나강과 사라스바티강지하로 흐른다는 신화의 강과 갠지스강이 합쳐서 흐르는 성스러운 강이다. 신성한 갠지스강에 목욕하면 전생과 현생에 쌓은

강고트리 ● ● 바드리나트
하르드와르 ● ● 리시케시
델리 ●

알라하바드 ● ● 바라나시

캘커타 ●

인도

갠지스강의
발원지 ● 주요도시

죄업이 씻기어 상서롭게 태어난다는 힌두교의 내세관이 있는 강이
다. 죽음도 이곳에서, 죽은 뒤 육신도 태워서 강에 뿌리는 생과 사가
공존하는 강으로 영원히 흐르는 인도의 생명수이며 성수聖水의 강이
다. 불가사의한 나라 인도, 갠지스강을 안고 있는 바라나시는 철도
의 분기점으로 4개의 노선이 모인 교통의 요지이기도 하다. 이곳은
예전부터 종교도시이며 사원이 1,500곳 넘게 있는 사원도시이다.
강가에는 힌두사원들이 즐비하게 세워져 있다. 연간 1백만 명 이상
의 순례자들이 각지로부터 모여드는 곳이다.

　　우리도 배를 타고 강 중심으로 나가본다. 강기슭에 마련된 돌
층계에서 합장하고 강물에 들어가 목욕하며 양치질하면서 그 물을
마시기도 한다. 이것이 불구부정不垢不淨이요, 옛날이나 지금이나 사
람, 사원, 강물은 더하지도 않고 줄지도 않고 변함없다. 이것이 부증
불감不增不減이며, 죽음을 이곳에서 맞이하기 위하여 죽기 전에 이곳

갠지스강 화장터

에 머물기도 하며, 죽은 다음에는 흰색 천에 쌓인 채 시신을 씻는 의식으로 물에 몇 번 잠기게 하여 화장장 가트로 옮기고 다시 영원히 끄지지 않는 불을 받아 장자가 태우게 된다. 지금도 곳곳의 화장장 가트에서 불꽃이 타오르고 있다. 신분의 차이가 화장하는 나무의 양에 있다 한다. 화장장에는 여성은 보이지 않는다. 죽음에 대한 애절

함이나 슬픔의 모습도 보이지 않는다. 살아있을 때가 중요하고 죽는 순간 이미 다른 세상으로 환생하였기에 몸은 그냥 하나의 시신에 불과하다고 생각하여 화장이 끝나면 아무런 미련도 없이 빗자루로 뼈는 재와 함께 강물로 쓸어버린다. 이것이 불생불멸不生不滅이다.

　갠지스강을 보는 순간 인도는 불교가 사라지지 않았다는 생각이 든다. 다만 나타나지 않을 뿐이다. 바라나시는 인도의 모든 종교 성지이며, 비로자나불의 빛이 있는 도시이다. 갠지스강의 본이름은 '강가Gaṅgā'이다. 경전에 '항하恒河'의 비유가 갠지스강을 뜻한다. 히말라야가 있고, 갠지스강이 흐르고, 힌두교가 석가모니불을 제6 성자로 숭앙하고 있는 한 인도불교는 사라지지 않을 것이다. 힌두교 속에 잠자고 있는 불교를 뉘가 끄집어낼 것인가? 그것을 끄집어낼 성자를 기다리고 있는 것이 현재 인도불교이다. 세상의 모든 것은 변한다. 시대 따라 사람 따라 나타나기도 하고 사라지기도 하고 잠자기도 한다. 흥망성쇠는 본래 없는 것이지만, 그것을 운용할 그 사람을 기다리고, 그 시간을 기다릴 뿐이다. 인도 바라나시에 오면 이러한 진리를 배울 수 있고 볼 수 있고 느낄 수 있다. 신비로움과 불가사의함을 지니고 있기에 부처님 같은 성인이 태어날 수 있는 곳이다. 어둠이 깔리는 강가에 마련한 무대에서 힌두승려가 의식을 행한다. 옛날에는 힌두의식은 반드시 실내에서 하였는데 요즈음은 순례자를 위하여 야외에 무대를 마련하여 볼거리를 제공하고 있다.

●
역사 속의 녹야원

경전에 사르나트Sarnath라고 부르는 녹야원은 바라나시 북쪽에 있는
동산으로 예전에는 므리가다바Mṛgadāva라고 하였다. 법현399년 스
님이 왔을 때는 두 개의 승원이 있고 승려가 살고 있었다고 보고하
였다. 현장635년 스님의 기록에는 담장과 중각이 즐비하여 아름다우
며, 정사가 있어 1500여명의 승려들이 공부하고 있었다. 정사의 서
쪽에 아소카왕이 세운 돌탑이 있는데 기단은 기울어져 있으나 그래
도 100척 남짓 된다고 하였다. 그 앞에 70척 높이의 석주가 있었다.
13세기경, 이슬람에 의하여 모든 것이 파괴되어 세상에서 잊히어지
고 말았다. 1905년 유적이 발굴되어 윗부분이 떨어져 나간 석주와
네 마리의 사자와 법륜이 있는 기둥의 머리 부분이 발견되었다. 석
주에는 아소카왕의 각문이 새겨져 있었다. 또 같은 장소에서 굽타
왕조 양식의 불상이 전법륜인을 하고 있어 이곳이 최초의 설법지임
을 증명하고 있다.

　폐허 속에 우뚝 서 있는 다메크 대탑을 향하여 미얀마승과 신
도들이 열을 지어 앉아 경문을 외우고 있다. 대탑 둘레에도 태국의
승려와 신교도들도 탑 둘레에 앉아 경문을 선후창先後唱으로 외우고

있었으며, 또 다른 미얀마 승려와 교도들이 작은 마이크로 독경을 하면서 탑돌이를 하고 있었다. 불적지에 와서 경문 한 줄이라도 독경하는 것은 다시금 불법을 일으켜 세우겠다는 서원이 담긴 불사이다.

법당안 불상 앞에서의 경건함보다 이곳에서 불사는 또 다른 의미가 있다. 평생에 처음이자 마지막 참배가 될 수도 있는 불적지, 부처님의 진신을 대하듯 간절한 마음으로 공경하고 경배하는 모습을 보라! 그 옛날 선혜선인이 진흙 위에 몸을 누이고 머리를 풀어 연등불이 진흙을 밟지 않고 지나가시도록 하는 신심을 볼 수 있는 곳이다. 우리는 잘못하면 형식에 빠져 허울 좋은 개살구가 될 것이다. 무엇을 가르치고 무엇을 배울 것인가? 법의를 입고 낙자絡子를 두른 자신을 되돌아본다. 유금리 깊숙이 감추어 놓은 초전법륜지 이송정, 땅속에 묻지도 않았는데 누군가 볼세라 깊이깊이 묻어 둔듯한 성지, 은혜를 생각한다면서도 발길조차 뜸한 성지, 성인이 가신 지 반백 년, 건물도 없이 표지석만 서 있는 계수나무의 성지, 어떻게 가꾸어갈 것인가? 생각하고 생각해도 부끄러움에 하늘을 볼 수 없다. 온 정성으로 참배하고 독경하며 환희에 찬 모습과는 달리, 초라한 자신을 발견하고 무거운 마음으로 초전법륜지 녹야원을 나왔다.

부처님은 왜 인도에서 탄생하셨는가?

부처님이 초전법륜지를 떠나 중생교화의 길로 나서는 시점에서 잠시 부처님은 왜 인도에서 출생하셨을까? 생각해 본다. 인도에 오신 부처님은 이 땅의 인연에 의하여 오신 것이다. 비로자나불이 중생의 원에 의하여 우리와 같은 몸으로 오셨다. 출가하고 수행하고 도닦는 법을 보이면서 마군을 항복 받고 성불하여 법륜을 굴리시다 열반의 모습을 보이신 것은 모두 비로자나불의 방편에 의한 일대사 인연이다. 이러한 각본에서 출생한 나라가 왜 인도여야 하는가? 벚꽃이 피는 봄은 따뜻함을, 동백이 피는 겨울은 추움을 알린다. 꽃이 피는 데는 모두 시기와 장소가 있다. 계절에 피는 꽃들은 위로와 위안을 주는 역할을 한다. 하물며 성인이 태어나는데 어찌 시간과 장소가 없겠는가? 그리고 목적 없이 오시지는 않았을 것이다. 인도에서 태어나는 것에 대한 답은 3억3천만의 신을 가진 인도에 있다.

인도문화와 역사는 대략, 2만년 전 파키스탄 라왕핀다 부근에서 살기 시작하였다. 8천년 전 인더스강 서부지역 매르가르, 퀴에타 근처에서 집단생활을 하였다. 지금처럼 옛날에도 선주민인 네그리트, 문다, 드라비다 등 많은 민족이 살았다. B.C.3000년 전 선주민 가운데 드라비다Drāviḍa족은 파키스탄지역에서 800여 년간 B.C.2500~1700 인더스강 중하류에 존재했던 모헨조다로Mohenjo-daro와 하라파에서 살았다. 요가수행 등의 토착 문화생활을 하였다.

　　인도 선주민은 많은 신들을 숭배하며 평화로운 삶을 살면서 모두 인과설을 믿었다. B.C.3000년 전 중앙아시아에서 유목 생활하던 아리안Āryan족이 힌두쿠스Hindūkush산맥을 넘어오면서 둘로 나누어져, 일부는 서남방의 페르샤로 들어가 게르만German민족의 선조가 되었고, 일부는 동남으로 내려와 B.C.1500년 전 인더스강의 상류인 오하지방Panjāb으로 들어왔다. 이렇게 침입한 아리안족의 문화는 드라비다족의 인도교문화보다 뒤떨어졌다. 다만 강력한 군사력에 의하여 새로운 문명을 형성시켰다. 이것이 바라문교 시작인 베다Veda문명이다. 그리고 선주민을 통치하기 위하여 카스트제도를 도입하였다. 카스트는 계급제도로 브라만[司祭], 크샤트리아[武士＝찰제리], 바이샤[農夫·商人], 수드라[奴隸]이다. 이 영향은 지금까지도 내려오고 있다. 베다 문명의 흐름은 리그Ṛg베다 → 사마Sāma베다 → 야주르Yajul베다 → 아타르바Athar va베다 문명으로 500여 년을 이어오면서 산스크리트 서사시 표현의 기본이 성립된다. 불교의 '卍'萬

字를 뒤집어 놓은 모양으로 태양을 상징하는 스와스티카자와 나치의 선전문양 Hakenkreuz은 그 뿌리가 같은 아리안 민족의 문화의 영향을 받았는지도 모른다. 바라문교 제1시기인 베다B.C.1500~1000문명을 바탕으로 제2시기 종교 시대[梵書 = B.C.1000-800]를 지나, 제3시기인 철학 시대인 우파니사드[秘書 = B.C.800-600]로 이어진다. 제4시기 경서시대經書 = B.C.600~200에 이르러 바라문교가 힌두교로 전환B.C.6~5세기이 되었다. 이때 모든 사상가가 태어나면서 선주민들의 사상인 인과법칙이 다시 고개를 들기 시작하여 바라문의 계급제도가 주춤하면서 부처님의 시대가 열린다.

말법 시대에 성인이 태어나 말법 중생을 제도하는 것이다. 말법 시대란 인간은 개인주의로 돌아가는 시대로 바른 마음이 허물어져 서로서로 불신하는 시대이며, 사악함이 많아 삶이 가장 고달픈 시기를 가리킨다. 삶이 고달프고 고통이 많은 시절에는 구제할 성인이 오기를 갈망하면서 작복作福보다는 기복신앙祈福信仰이 흥왕하게 되며, 세상을 등지고 조용한 곳을 찾아 수행하기도 한다. 이러한 시대에 신식무기를 들고 들어 온 아리안족이 순박한 선주민을 무력으로 지배하였다. 굴러온 돌이 박힌 돌 뽑아내듯이 모든 주권을 빼앗았다. 그러면서 신에 제사하는 성직자를 브라만으로 높여 신성불가침의 위치에 올려놓고, 권력을 쥐고 있는 자신들과 현지에서 권력을 가졌던 부족장들 일부를 크샤트리아[찰제리]로 하고 선주민들을 바이샤, 수드라로 하는 카스트제도를 실시하여 브라만을 섬기게 하였다. 이것은 선주민이 믿고 있었던 인과법칙을 무시하면서 출생의 등급을 만든 것이다.

이러한 카스트제도에 반기를 든 사람들을 누구를 막론하고 불가촉천민으로 추락시켜 축생보다도 못한 삶을 살게 한 것이다. 이것을 정당화하기 위하여 출생부터 다르다는 것을 강조하면서 성직자 브라만은 머리에서 태어나고, 찰제리는 옆구리에서 태어나고, 바이샤는 본래대로 태어나고, 수드라는 무릎에서 태어나고 불가촉천민은 발바닥에서 태어난다는 회괴한 출생설까지 만들었다. 그리고 브라만은 다음에 태어나도 영원히 브라만으로 태어난다. 그 외에 사람들은 불[火]의 신에 제사 지낼 때 희생물의 많고 적음에 따라 천상에 태어나 복락을 누린다는 기복신앙으로 오로지 제사장인 브라만을 섬기도록 한 것이다. 시간이 흐를수록 베다 사상이 타락하여 점점 더 혹독한 희생물을 요구하게 되는 말법 시대가 된 것이다.

　이러한 사상이 가득한 사바세계를 바라본 비로자나불이 이들을 제도하기 위하여 과거 3불의 탄생지와 가까운 카필라성을 택하였으며, 카필라성과 가까운 룸비니동산에서 태자로 태어나면서 곧바로 일곱 걸음을 하시고

"삼계가 다 고통이다. 내가 그들을 편안하게 하리라."

하며, 과거 칠불의 가르침을 계승한 대 선언을 한 것이다. 룸비니동산은 카필라성을 중심으로 북·서·남 3방향에서 과거 7불 중 3분의 부처님과 이제 동방에서 석가불이 되실 싯다르타가 태어나신 것이다. 과거의 모든 부처님도 그러하였지만, 바라문교의 불신[火神]에 제사 지내는 사상이 없었다면 싯다르타는 이 세상에 오시지 않았을 것이다. 비로자나불이 정반왕을 택한 것은 이 땅에서 수천년을 살아온 감자왕의 후예인 사자협왕은 인도 고유의 사상과 과거 7불의 인과법칙을 바탕을 가진 석가족만이 불교 문화를 꽃피울 수 있다고

믿었기 때문이다. 모두 숙세에 불법과 인연이 있었기에 석가모니불은 인연 있는 곳에 태어나신 것이다. 그러므로 '인연 있는 중생을 교화한다' 하신 것이다. 시간을 무시광대겁이라 표현한 것도 과거 무한 겁 동안 내려온 전통을 강조하기 위한 비유설이며, 갠지스강을 항하수로, 히말라야를 수미산이란 용어를 사용한 것은 모두 마찬가지이다. 수미산으로 비유하는 히말라야의 연봉에서 만년설이 녹아 흘러서 뭇 생명을 살리는 갠지스강과 야무나강, 특히 갠지스강을 중심으로 모든 수행자가 저마다의 깨달음을 얻고자 한 것도 모두 성인이 태어나기를 갈망하는 사상에서 비롯한 것이다. 염원은 반드시 이루어진다. 다만 시간과 장소가 다를 뿐이다. 석가모니불의 탄생은 염원의 소중함을 일깨우고 희망을 잃지 말라는 당체법문當體法門을 보인 것이다.

"자비한 가르침에 머리 숙여 합장합니다."

IV
왕사성 '라지기르'

왕사성은 빔비사라 왕이 다스리던 마가다 왕국의 수
도였다. 왕이 머무는 곳이라 하여 왕사성(王舍城)이
라 불리 운다.《법화경》을 처음 설법한 영취산, 기사
굴산의 밀교결집과 미륵을 기다리는 가섭 바위, 최초
의 사찰 죽림정사, 제1차 경전 결집지 칠엽굴, 폐위당
한 빔비사라 왕이 굶어 죽은 감옥 터, 죽림정사 부처
님과 제자들이 지정된 장소에서 수행하며 교화 활동
을 하던 곳이다. 이곳은 또한 자이나교의 성지이기도
하다.

●

죽림정사 竹林精舍 ; Veṇuvana

"거룩한 부처님께 귀명歸命합니다."

부처님은 빔비사라 왕을 제도하기 위하여 3가섭과 1000명의 아라
한과 함께 왕사성 근교 닷티바나竹林園의 숲속의 스팟티타묘善住靈廟
에서 쉬었다. 이 지역 사람들이 존경하는 묘이다. 빔비사라 왕은 '내
가 어찌 구담을 보지 않겠는가?' 하고 4만2천 마을마다 호걸 2명씩
나오게 명령하고 왕은 스스로 1만2천 수레를 내어 12만 명의 바라문
거사와 함께 부처님을 참배하였다. 모인 대중들은 우루빌라 가섭
이 부처님과 함께 있는 것을 보고 '우루빌라 가섭은 바라문 최고 성
자이며, 우리들이 존경하는 분으로 120세의 준엄한 모습이요, 또 한
분은 젊지만 32상의 상호가 갖추어져 있으며 수행하여 부처가 되신
분이다. 두 분 가운데 어느 분이 더 위대한 분인가?' 생각하였다. 이
때 우루빌라 가섭이 부처님 발에 예를 올리고 나서

> "나는 바라문으로서 감각적인 기쁨만을 목적으로 제사를 지냈
> 다, 이제 그것에서 벗어나 영원히 윤회하지 않는 법을 만났습니

다. 이 법을 깨달은 분이 싯다르타 태자로서 수행하여 무상정등 정각을 이루어 석가모니불이 되신 분입니다. 이분은 완전한 아라한을 이룬 분으로서 나는 이분의 제자입니다. 그리고 동생들과 1,000명의 제자도 모두 부처님께 귀의하여 아라한이 되었습니다."

우루빌라 가섭 한마디로 자리에 모인 대중들은 의심을 끊고 부처님께 귀의하게 된 것이다. 빔비사라 왕도 부처님이 태자 시절의 수행자로 약속한 것을 지키기 위하여 오셨음을 알고 부처님께 귀의하였다. 그리고 교법과 제자들을 보호할 것을 서원하면서 왕사성과 가까운 곳에 머물게 하고자 생각하였다.

그때 동석한 카란다迦蘭陀 장자가 자기의 소유인 연못과 대나무 숲이 있는 아름다운 죽림원을 보시하였다일설에는 빔비사라 왕이 보시하였다고도 한다. 마을에서 멀지도 가깝지도 않아 왕래하기 편안하며, 낮에는 시끄럽지 않고 밤이면 인적이 드물어 번거롭지 않은 최적의 장소이다. 이것이 불교의 최초의 정사인 죽림정사竹林精舍이다. 대나무가 많아서 지어진 이름이며 가운데 보시 자의 이름을 딴 카란타 연못이 있다.

부처님이 죽림정사에서 1,000명과 함께 보내었다. 많은 수행자가 공동생활을 하는 가운데 불미스러운 일들이 일어났다. 부처님은 그때마다 규칙과 율법을 말씀하셨다. 대중 생활의 규범, 수행 생활의 규범, 출가승단의 규범들이 거의 죽림정사에서 제정되었다 하여도 틀린 말은 아닐 것이다. 가사袈裟를 '복전福田'이라 말씀하신 곳도 이곳에서이다. 부처님이 어느 날 죽림정사에서 가까운 들판을 지나면서 밭두렁의 물이 들고 나는 둑의 모양을 보고 조組를 만들면서 제자들에게

"복전福田이다. 수행자가 가사를 걸치는 것은 중생들의 복전이 되기 위함이다."

라는 말씀을 하셨다. 밭두렁의 모양을 본보기로 가사의 조가 생긴 것이다. 부처님은 죽림정사에 머물면서 목건련, 사리불, 마하가섭을 제자로 맞이한다. 목건련과 사리불의 제자 250명이 함께 출가하여 제자가 되었다. 이로써 대중은 1,250인이 된 것이다. 경전의 첫머리에 '1,250인의 대 비구와 함께하시다' 증명의 서문이 이곳에서부터 시작된 것이다. 죽림정사에서 사위성의 수달타 장자의 공양을 받았다. 그 자리에서 장자가 부처님께 사위성에서 교화를 청하므로 부처님은 허락하고 사위성 교화의 길에 올랐다. 이번에는 1,250인의 대중이 함께 걸식하면서 길을 간다.

●

죽림정사의 인연

죽림정사, 이곳이 부처님의 최초의 사원정사寺院精舍가 된 것은 부처님의 법이 대나무를 닮았기 때문이다. 죽림정사의 주목이 대나무이다. 대나무는 나무의 굵기에 비하여 높이 자랄 수 있는 것은 마디를 만들면서 자라기 때문이다. 대나무는 죽순이 나는 봄 한 철만 자란다. 그다음부터는 자라지 않으면서 나무를 성숙시킨다. 곧게 자라면서 마디를 만들고 속을 비워 휘어질지언정 부러지지는 않는 성품을 가지고 있다. 나무를 가를 때도 한마디를 치면 3마디가 갈라진다.

곧게 자라는 것은 마음의 흔들림이 없는 믿음을 말함이요, 마디를 만든다는 것은 수시로 점검하면서 정진하라는 법문이요, 속이 비어있다는 것은 모든 번뇌와 갈망 갈애를 비우라는 법문이요, 한 해 봄에만 자라고 성숙시키는 것은 돈오점수頓悟漸修를 말함이요 한 마디를 자르면 3마디가 갈라진다는 것은 일승법 속에 3승법이 있고 3승법 속에 일승법이 있다는 뜻이다.

대나무가 지닌 이 모든 특성이 부처님의 가르침과 같은 원리를 갖추고 있어서 이곳 죽림원은 부처님이 머무는 최초의 정사가 된 것이다.

　　대숲 정사[죽림정사]는 바라문교의 성자들이 아라한과를 이루어 국왕과 바라문 거사로부터 인증을 받은 최초의 가람이다. 승단의 질서가 서고 수행의 체계가 이루어진 곳이기 때문에, 이곳의 대나무가 무성하면, 승단이 화합하여 불교는 흥왕할 것이다. 반대로 대나무에 이상이 생기면 승단과 불교에도 이상이 생긴다.

　　지금의 죽림정사를 보면, 사원의 정문은 누구나 들고 날 수 있어야 하는데, 드나드는 사람들을 점검한다. 이것은 정문 안 왼편에 타종교他宗敎의 무덤이 있어 출입을 통제하고 있다. 대나무는 빛을 잃고 숲은 황폐하며 카란타 연못은 맑지 못하다. 죽림정사의 이러한 모습들이 인도불교 현재를 말하는 듯하다. 언제 인도불교가 다시 빛을 발할 수 있을까…… 그날을 기다릴 수밖에 없다.

　　진각밀교眞覺密敎도 대나무로 법을 전한다. 진각성존의 불교 입문처가 동해가 보이는 죽림정사이며, 육자진언 수행에서 사용하는 법구는 오로지 죽비竹篦 뿐이다. 울려 퍼지는 죽비 소리가 멈추지 아니하고 명쾌하면서도 우렁차게 소리가 날 때 진각밀교는 발전할 것이다.

　　죽비의 모양은 너무 가늘거나 너무 굵지 않게 중도의 굵기와 크기를 유지해야 한다. 대나무의 지름이 5~6cm 정도로 손아귀에 들어와야 한다. 굵으면 죽비를 든 자의 아상我相이 높아지고 정진력은

죽림정사 칼란다카 연못

낮아져서 법을 설하여도 실천하여 해탈하는 자가 적기 때문이다. 죽비의 크기와 모습과 소리에서 주인이 정진하는 마음과 교화의 열의와 해탈의 지속遲速을 알 수 있다.

　　현재의 죽림정사도 20세기 초 발굴하였다. 발굴 당시를 보면, 심하게 파괴되어 2~3개의 불상과 스투파를 확인하였다. 입구를 보는 순간 '이곳을 뉘라서 불교 최초의 정사라 하겠는가?' 하는 생각이 들었다. 현재 정문 문양이 이슬람 문양으로 되어 있다. 정문 안 바로 입구 왼편에 이슬람인의 무덤이 있다. 국가가 이곳을 부처님의 유적지로 개발하고자 하였으나 무덤의 주인이 개발하지 못하도록 무덤 이장을 거부하고 있다. 다른 종교를 부정하는 이슬람이기 때문에 정부도 어찌하지 못한다고 한다. 지금은 정사가 아닌 이 지역 주민들의 휴식공원으로 사용되고 있는 곳이다. 다만 불교의 순례자들만 죽림정사로 알고 찾아오는 것이다. 입구 왼편에 태국에서 모신 불상만이 호수의 맞은편에서 우리를 환영하고 있었다. 부처님의 목소리가 들릴 듯한 고요하고 적막한 분위기의 죽림정사이다. 과거 순례자들이 밝힌 이곳의 역사를 보면, 5세기경에는 가람은 있고 승려는 없었으며, 7세기에는 가람은 없고 몇몇의 승려만 있었다고 전해지고 있다.

마하가섭의 출가

마하가섭의 출가는 죽림정사에서 이루어졌다. 마하가섭은 마가다국 마하아티르타 바라문촌에서 태어났다. 아버지는 니그로다 카필라이다. 가섭은 바라문 가문의 종성이다. 어릴 때 이름은 비팔라나무 아래에서 탄생하였다 하여 비팔라나이다. 비팔라는 어릴 때부터 사회생활에는 관심이 없고 출가할 것을 원하였다. 부모가 결혼하여 가업을 이어갈 것을 바라면서 허락하지 않았다. 비팔라는 방편으로 황금으로 아름다운 8등신의 여인상을 만들어 부모님께 보이면서

"이와 꼭 같은 사람이라야 결혼하겠습니다.
만일 없으면 곧바로 출가하겠습니다."

라고 부모님에게 통보하였다. 비팔라의 나이 20세 때, 부모는 황금상과 꼭 같은 비아리 성의 코오샤의 집안에 바드라 딸을 찾아 결혼을 시켰다. 두 사람은 부모님의 권유로 결혼하였으나 모두 속세 생

활에 뜻이 없는 사람이었다. 두 사람은 아무런 일 없이 조용하게 지내는 중에 결혼 12년에 부모님들이 돌아가셨다. 홀가분한 마음으로 출가할 것을 생각하고 집을 나와 부인 바드라는 왼쪽 사위성 방면으로 가고, 비팔라는 오른쪽 길을 택하여 왕사성 방면으로 나아갔다. 이때 부처님은 땅이 요동하는 것을 느끼고 혼자 가사와 발우를 들고 왕사성과 나란다 중간지점 니그로다 아래 정좌하여 좌선하면서 비팔라를 기다렸다. 부처님이 걸식할 때는 보통의 모습으로 일반인과 다름이 없었는데, 이때는 부처님 몸에서 광채가 나는 길상의 모습을 하고 좌선하신 것이다.

비팔라가 이 모습을 보고 부처님 발에 예를 올리면서 제자가 되기를 청하였다. 부처님은

"가섭아! 어서 오너라."

이 한마디로써 제자의 출가를 받아 준 것이다. 부처님이 유일하게 마중 나가 기다린 제자가 마하가섭이다. 가섭은 죽림정사로 들어와 8일 만에 아라한이 되었으며, 32상 가운데 7상을 갖춘 몸이 되었다. 부처님과 마하가섭은 그 이후에도 특별한 사이가 되어 법거량法擧量을 하였다. 그 가운데 대표적인 것이 영산회상의 염화미소拈花微笑, 기원정사의 다자탑전반분좌多子塔前半分坐, 쿠시나가라에서 곽시쌍부槨示雙趺 등이 삼처전심三處傳心이다. 어느 날 가섭과 부처님은 조용한 나무 그늘에 앉았다. 가사를 펼쳐 방석으로 하고 앉았다. 이때 부처님은 가섭의 가사를 만져보면서

"가사裝裟**가 상당히 부드럽구나."**

"부처님! 제 가사가 부드러우면 부처님 가사와 바꾸시지요."

부처님은 승낙하였다. 가섭은 부드러운 가사를 부처님께 드리고 부처님의 분소의 가사를 받아 수하였다. 부처님의 이러한 행동은 가사의 부드럽고 거친 것이 아니라 법을 전하기 위한 하나의 전법 방편인 것이다. 마하가섭과 아난다의 차이점이 여기에 있다. 마하가섭은 부처님의 분소의裝掃衣뿐 아니라, 발우의 음식까지도 나누어 공양하는 관계에 비하여 아난다는 시봉侍奉을 청하는 부처님께 3가지 조건을 세우는 현실적인 면이 있었음이다. 그 3가지 조건은 이렇다.

"첫째, 부처님이 입었던 고의는 입지 않겠습니다. 둘째, 부처님
이 공양하고 남은 음식은 먹지 않겠습니다. 셋째, 제가 출가하기
전에 설하신 20년의 법을 별도로 설해주십시오."

부처님은 승낙하였다. 이러한 모습에서 마하가섭은 두타제일頭陀第一로 아난다를 다문제일多聞第一로 후인後人들이 논하는 것이다. 부처님 열반 100일 뒤 경전을 결집하는 장에서도 아난다는 부처님의 45년간 설법한 것을 다 외우고 있어도 결국 칠엽굴 밖으로 쫓겨나는 신세가 된 것이다.

부처님의 제자 중에는 가섭이란 이름을 가진 분이 5명 있다. 바라문교의 성자인 우루빌라가섭, 나제가섭, 가야가섭, 5비구 중 한 사람 십력가섭[婆敷], 부처님의 법을 받고 전하는 삼처전심의 마하가섭이다. 가섭이란 이름에 관하여 한 번쯤 생각해 보아야 할 것이다. 석가모니불 바로 전의 부처님이 가섭불이며, 석가모니불의 부탁으로 다음 부처인 미륵불을 기사굴산에서 기다리게 한 제자가 마하가섭이다. 우루빌라, 나제, 가야의 3가섭은 부처님이 보드가야까지 찾아가서 제도 시켜 승단을 번창하게 하였으며, 십력가섭도 부처님이 바라나시로 찾아가서 제도시킨 5비구 중 한 분이요, 마하가섭은 죽림정사에서 밖으로 나와 맞이한 가섭으로 삼처전심三處傳心의 마하가섭이다. 과거의 불과 미래의 불을 연결하는 전법과 현재의 법을 전법 하는 처음과 끝을 연결하는 그 중앙에 선분들이 가섭이다. 가섭은 곧 불법佛法이라는 생각을 갖게 한다.

●
목건련과 사리불의 출가

왕사성의 북쪽으로 10km 떨어진 곳이 나란다 지역이다. 이 지역에 나라 촌과 구리가 촌이 이웃하고 있다. 모두 바라문 마을로 같은 성을 가진 집성촌이다. 두 마을의 제일 큰 장자집에서 같은 날 같은 시간에 아들들이 태어났다. 나라 촌 단나달다檀那達多 장자의 아들은 사리불, 구리가 촌 바라문 가문 장자의 아들은 목건련이다. 두 가문 모두 사명외도인 산자야山闍耶 성자를 따르고 있었다. 성장한 아들들은 열심히 정진한 탓인지, 혹은 지혜가 밝은 탓인지 모두 스승의 경지를 뛰어넘었다. 스승으로부터 이 이상 배울 것이 없어 집으로 돌아왔다. 오는 길에 둘은 약속을 하였다. 누구든지 먼저 깨달음을 주는 스승을 만난다면 알려주기로 약속하고 헤어졌다. 어느 날 마승馬勝 비구가 발우를 들고 걸식하면서 나라 촌으로 들어오는 모습을 사리불이 보았다. 그의 모습에 감동한 사리불은 그를 스승으로 모시고자 하였다. 사리불이 마승 비구에게 스승이 되어 줄 것을 청하였다. 이에 마승 비구는

"나는 당신의 스승 될 자격이 없습니다.
　우리 스승님을 찾아가십시오."

"존자의 위의威儀가 이 정도면 스승은 정말 대단한 분일 것입니다.
　존자의 스승은 누구십니까?"

"저의 스승은 지금 죽림정사에 머무르고 계시는
　석가모니불이십니다."

　사리불은 정말 훌륭한 스승일 것이라 믿고 곧바로 목건련을 찾아가 스승을 찾았으니 같이 참배하자고 제의하여 두 사람은 죽림정사로 부처님을 찾아뵈었다. 스승 산자야는 두 제자가 가는 것을 보고 만류하였다. 그러나 두 제자는 오히려 스승님도 함께 가자고 권유하는 것이다. 산자야는 자기는 이미 모든 사람으로부터 존경받고 있는데 굳이 부처님을 찾을 이유가 없다면서 가지 않기로 하였다. 뒷날 두 명의 훌륭한 제자와 그의 제자 250명이 함께 부처님에게 귀의하였다는 소식을 들은 산자야는 죽음을 재촉할 정도의 화를 내었다고 한다. 죽림정사에서 부처님은 멀리서 오는 사리불과 목건련을 보고 마중하면서

　"사리불이여! 목건련이여! 어서 오느라"

하시며 환영하였다. 이렇게 하여 사리불과 목건련은 죽림정사에서

출가하였다. 사리불을 따르던 150명과 목건련을 따르던 100명의 제
자도 모두 부처님에게 귀의하였다. 목건련은 출가한지 1주일 만에
정진 중에 졸음 속에서 부처님의 음성을 듣고 깨달음을 얻었으며,
사리불은 2주 만에 수카라카타 동굴에서 친척 장조 장자에게 부처
님이 설법하는 것을 듣고 깨달음을 얻었다. 사리불과 목건련은 부
처님의 제자에 의하여 출가한 첫 번째 교화자가 된 비구이다.

● 제바달다

부처님의 사촌 동생으로 제바달다와 아난다가 있다. 제바달다는 어릴 때부터 싯다르타 태자를 경쟁상대로 생각한 사촌 동생이다. 태자비 간택과정에서도 야수다라 공주를 얻기 위하여 학문과 무예를 겨루었던 사이였다. 싯다르타는 왕위계승을 포기하고 출가하여 성불하였다. 성도 후 6년만에 카필라성을 찾았을 때 정반왕은 석씨 청년들은 출가하라고 명령 내릴 때 제바달다와 아난다도 출가하기 위하여 부처님을 찾아갔다. 우바리를 비롯하여 6명은 출가를 허락하면서 아난다와 제바달다는 출가를 허락하지 않았다. 두 사람은 히말라야로 들어가 발야슬타승가를 스승으로 모시고 수행하였다. 발야슬타승가는 옛날부터 석가족이 믿고 있는 과거 3불의 가르침대로 수행하는 성자로 부처님 열반 후 불법이 소멸해 가는 중 교상미국에서 최후의 반차般遮=五年大會가 열릴 때까지 남아있었던 유일한 아라한이다. 두 사람은 스승의 법으로 수행을 한 후에 죽림정사로 돌아왔다. 아난다는 부처님의 제자 되어 25년간 부처님을 모시면서

45년간 설한 말씀을 모두 외우는 다문제일의 제자가 되었다. 반면 제바달다는 홀로 두타행을 수행하였다. 어느 날 부처님을 찾아가 빔비사라 왕과 모든 대중이 모인 자리에서 청하였다.

"부처님은 이제 뒤로 물러나시고 교단의 통솔권을 저에게 물려 주십시오."

부처님은 반대하였다. 그 자리에서 3번이나 청하였으나 3번 모두 반대하였다. 제바달다는 다시 제안하였다.

"부처님! 그러시면 교단의 정비와 출가자의 자질을 위하여 다섯 가지 계율을 철저하게 지켜주십시오. 첫째 출가한 수행자는 한 평생 숲속에서 생활하며, 사람 사는 마을에서 살지 않게 하십시오. 둘째 걸식과 탁발한 음식만 먹을 것이며, 식사 초대를 받지 마십시오. 셋째 분소의만 입을 것이며, 재가신자들께 옷을 받지 마십시오. 넷째 나무 아래 앉을 것이며, 지붕 밑에 들어가지 마십시오. 다섯째 생선이나 고기를 먹지 마십시오. 모두 죄가 되는 것입니다."

부처님은 제바달다의 5가지 제의를 모두 거부하였다. 훗날 이러한 법대로 실천한 제자는 두타제일의 마하가섭이다. 부처님으로부터 거부를 당한 제바달다는 왕사성에 돌아와 별도의 교단을 세워 수행하였다.

이런 일이 있은 뒤부터 제바달다는 더욱 부처님의 교단을 노리게 되었다. 제바달다는 스승에게 배운 신통력으로 천상의 우발연화優鉢蓮花와 구무두화拘牟頭花를 아사세 왕자에게 바치고 교분을 쌓았다. 그리고 왕자출생의 비밀을 말하여 왕자가 왕위를 찬탈하고 아버지를 감옥에 가두어 죽게 하였으며, 승단의 지휘권을 빼앗기 위해 부처님을 세 번이나 위험하게 하였다. 영취산을 오르는 부처님에게 산 위에서 바위를 굴려 부처님 발에 피를 흘리게도 하였고, 부처님 지나는 길목에 사나운 코끼리를 보내서 발로 밟게 하였으며, 기원정사에서는 독 묻은 손톱으로 부처님을 해치고자 하다가 생암지옥에 떨어지는 순간을 맞기도 하였다.

부처님은 이러한 제바달다를 오히려 구제하였다. 제바달다[調達]는 이로 인해 오늘날까지 불교 역사상 악인의 전형으로 알려져 있다. 제바달다는 권력을 향한 갈망이 크고 야심에 찬 인물이지만 사악한 악인이라기보다 철저히 계율을 지키면서 금욕생활을 하는 보수주의자에 가까웠다. 북인도나 벵골지역에서는 제바달다의 계율을 실천하는 교단이 있었다고 중국의 법현스님의 인도기행문에 나타나 있다. 《법화경》에서는 제바달다가 과거생의 싯다르타의 스승으로 나오기도 한다. 제바달다의 교단은 과거 3불의 사상을 가진 교단이었을 것이다. 자이나교의 가르침이 제바달다가 말하는 5계와 비슷한 것이 많은 것을 보면 자이나교도 3불의 사상을 이어받은 것으로 보인다.

카필라성의 3불三佛 사상

인도에는 카필라성을 중심으로 3불 사상이 수천년 이어져 내려왔
다는 것을 알아야 할 것이다. 석씨족이 과거 3불을 믿는 데는 그만
한 이유가 있었다.

카필라성 가까운 곳 북쪽으로 가섭불, 남쪽으로 구류손불, 서
쪽으로 구나함모니불의 탄생지가 있다. 동쪽이 룸비니동산으로 싯
다르타의 탄생지이다. 이것은 카필라성이 과거 3불의 교화중심지
라는 의미이다. 모헨조다로의 아름답고 짜임새 있는 도시 환경이 3
불 시대에 만들어진 불국정토의 표본일 수도 있다.

성城만 그런 것이 아니라 흐르는 사상도 3불의 가르침이 바탕
이 되어 대인의 32상, 전륜성왕의 32상, 12인연, 아라한 등의 흐름이
부처님 당시까지 흐르게 된 것이다. 석가모니불은 비로자나불의 화
신불로서 중생을 교화하기 위하여 3불 시대의 법이 사라져가는 인도
땅에 다시 나타나 불법佛法을 전하는 일대사인연을 펼치신 것이다.

제바달다의 법이 보수적인 것이라면, 부처님의 법은 옛것에

얽매이지 않는 개방적인 법이었을 것이다. 당시의 인도의 모든 종교가 틀에 박힌 보수적인 벽을 넘지 못하고 있을 때, 부처님이 그 벽을 허물고 일상생활에서 쉽게 취할 수 있는 법으로 말씀하신 것이다. 부처님은 생명을 죽이지 않고 사람들에게 공양을 받았다면 먹어도 괜찮다는 유연한 사고의 소유자였다. 이러한 부분을 제바달다는 인정하지 않았다. 석가모니불이 이끄는 주류파는 죽림정사 같은 곳에서 일반 사람들과 접촉하며 수행할 때, 제바달다를 따르는 비주류파는 속세와 인연을 끊고 숲속으로 들어가 은둔하며 엄격한 고행 생활을 하게 된다.

　　이러한 의미에서 부처님 당시의 제바달다를 다시 한번 생각하게 한다. 석가모니불 열반 직후 마하가섭이 결집하지 않을 수 없는 상황, 열반 100년 뒤에 나타날 현실, 왜 화씨성에서 제2 결집을 해야 하는지, 그 후 제3 제4 결집을 해야 하는 그 이유에 대해 생각해 본다. 정법을 뿌리에 두고 시간의 흐름을 무시할 수 없는 것이 인간의 변화무상한 삶이라는 것을 생각해야 할 것이다. 현재 불교의 수행자들은 어떠한 방향으로 흐르는가? "태과太過도 병病이요 불급不及도 병인데 그중에 큰 병은 태과병이다." 하신 진각성존의 말씀, 작복作福이 아닌 기복祈福으로 흐르는 불교, 옛것에 매인 산중불교, 형상에 치우쳐 가는 의뢰依賴 불교를, 마을로 내려오는 불교, 일상생활 속에서 실천할 수 있는 불교, 무상불교를 주창하면서 '불교의 생활화, 생활의 불교화'로 전환하여 진각밀교를 개창開創 하신 의미를 다시 한번 되새겨 본다.

●

빔비사라 왕의 감옥

화려한 성이면서도 슬픈 사연을 간직한 왕사성, 빔비사라 왕과 태자 아사세와 부자父子 인연이 된 법 때문이다. 아사세 왕자는 제바달다로부터 출생의 비밀을 듣고 빔비사라 왕의 왕위를 찬탈하여 왕이 되면서 부왕을 감옥에 가두는 사연이다.

　　빔비사라 왕이 갇혔던 감옥은 한 면이 60m 되는 정방형 감옥이다, 본래 이 감옥은 화재를 일으키거나 못된 짓을 한 죄인을 가두는 하림이었다. 빔비사라 왕이 아들 아사세왕으로부터 이곳에 유배당하여 외로운 나날을 보낸다. 왕은 오로지 영축산에 계시는 부처님을 창문을 통하여 매일 바라보면서 지은 업에 대하여 참회하면서 죽음을 맞이한 곳이다. 빔비사라 왕은 아들이 자신을 감옥에 가두고 스스로 굶어서 죽기를 바라면서 일체의 음식을 들여보내지 않았지만, 왕비 위제희는 면회 갈 때마다 자신의 몸을 깨끗이 씻고 그 몸에 꿀과 밀을 발라 면회하면서 그것을 먹게 하여 목숨을 연명하고 있었다. 어느 날 아사세왕이 의사 기바의 설득으로 생각이 잘못

되었음을 알고 마음을 돌려 신하를 보내어 빔비사라 왕을 감옥에서 모셔오도록 하였다. 빔비사라 왕은 회개한 아들의 이러한 내용을 알지 못하고 신하들이 오는 발소리를 듣고 사형집행관이 오는 줄 알았다. 왕은 아들에게 아버지를 죽였다는 누명을 쓰게 하지 않게 하고자 스스로 자결하여 목숨을 끊었다. 이것을 안 아사세왕은 자신의 포악한 행동에 후회하면서 부처님께 나아가 대 참회를 하고 귀의하였다. 훗날 성군이 되어 부처님의 법을 보호하고 전법 하는 데 전력을 다하였다.

아사세 태자의 출생 비밀이란 빔비사라 왕이 나이가 많도록 왕자가 없어서 어느 바라문에 물어보았다. 바라문이 대답하기를,

"비부리산 선인이 죽어 태자로 태어날 것입니다."

하였다. 왕은 궁금하여 멀리서 선인의 모습을 보았다. 100세가 되었는데도 건강하고 정정한 모습이었다. 언제 죽을지 기약할 수가 없는 몸으로 보였다. 왕은 신하들에게

"선인이 저렇게 건강한데, 나는 언제나 왕자를 볼 것인가?"

하며 한탄하였다. 그러자 어느 신하가 방법을 알려주었다. 왕은 신하의 방법이 마음에 들지는 않았으나 조급한 마음에 실행하였다. 선인은 수행의 결과를 눈앞에 둔 시점에서 왕의 신하들에 의하여

죽임을 당하였다. 일평생을 수행한 공덕이 성취되려는 찰나에 죽임을 당하여 마음으로 수원심讐怨心을 품게 되었다. 선인이 죽은 후 위제희 왕비는 임신하였다. 왕은 다시 바라문을 불러 물어보았다. 바라문은,

"태자는 무슨 영문인지는 모르나 수원심을 갖고 태어나

아버지를 해칠 것입니다."

하였다. 왕은 두려운 마음에 출산 날이 되어서 산실을 높은 누각에 차려 태자가 태어나면 곧바로 밑으로 떨어지게 하였다. 밑으로 떨어진 태자는 손가락만 다치고 아무런 이상 없었다. 이것이 아사세 태자의 출생의 비밀이다.

●

영취산과 기사굴산

왕사성 남쪽에 자리한 영취산靈鷲山은 산정상의 바위는 마치 높은 곳을 날면서 땅 위의 작은 물체의 움직임까지 볼 수 있는 밝은 눈과 고요히 허공에 머물 수 있는 독수리가 날개를 접고 앉은 모양을 하고 있다. 부처님이 이곳에서 미래에 성불을 수기하는《법화경》을 설하신 최적의 장소이며, 맞은편 기사굴산에서 밀장결집密藏結集도 미래의 불교를 생각하는 결집이다. 확 트인 산 아래를 바라보면서《법화경》을 설하시고《열반경》을 설하기 시작한 성산聖山, 설법 중에 꽃을 들어 보이자 마하가섭만이 그 뜻을 알고 미소를 지었다는 영산회상 염화미소, 역시 미래에 이어갈 법의 흐름을 시작한 곳이다. 《법화경》은 백련화白蓮華와 같은 맑은 청정한 가르침이라는 뜻으로, 석가모니불이 이 세상에 출현한 것은 모든 사람이 부처의 깨달음을 열 수 있는 대도大道를 보여서 누구나 대도의 법을 실천하면 부처가 될 수 있다는 것을 증명하고 수기를 내리는 경전이다. 그리고《열반경》은 불멸칠법不滅七法이며, 칠불쇠법七不衰法으로 불신상주佛身常住,

실유불성悉有佛性, 상락아정常樂我淨을 말씀하신 경이다. 영취산, 이곳은 모두가 미래를 위하여 가르침을 내린 성스러운 장소이다.

이곳은 또한 평화의 땅이다. 마가다국의 아사세왕이 밧지족의 바이샤리가 강대해지는 것이 두려워 바이샤리를 정복하고자 마음먹고 대신 2명을 보내 부처님의 뜻을 알고자 하였다. 부처님은 대신들이 아직 질문하지 않았는데 아난다에게 물었다.

"아난다야! 밧지족 사람들이 자주 모여 의논한다는 말을 들었느냐?"

로 시작되는 일곱 가지 나라 다스리는 법을 실천하는가에 대한 물음의 법을 설하면서 부처님은

"이 가운데 하나만을 행하여도 밧지족 사람들은 흥할 것인데 하물며 일곱법을 모두 행한다면 절대로 무너지는 일은 없을 것이다."

라고 하셨다. 두 대신은 부처님과 아난다와의 대화를 그대로 아사세왕에 보고하였다. 아사세왕은 잠시 정복의 마음을 접었다.

이 칠불쇠법은 차후에 교단을 다스리는 법에도 적용하였다. 빔비사라 왕은 부처님을 친근 하려 이곳에 오를 때 산 아래에 내려 걸어서 올라갔다. 석가모니불은 열반을 준비하면서 쿠시나가라로 떠나기 전에 이곳 왕사성에서 실질적 후계자로 여기던 제자 사리불

영취산 정상의 법화경 설법지

과 목건련의 죽음의 소식을 들었다. 현재 영취산 정상으로 오르는 길에 아난다가 머물렀다는 석굴과 사리불이 머물렀다는 석굴이 남아있다. 영취산 북편에 이곳보다 더 높은 산이 있다. 일본인들이 사원과 탑을 세워 부처님께서 설법하시는 영산회상을 기념하고 있다. 일본불교는 《법화경》을 좋아하고, 중국불교는 《원각경》을 좋아하고, 한국은 《금강경》을 좋아한다. 일본은 《법화경》을 좋아하기 때문에 부처님 성지 중에 영취산을 최우선으로 생각하고 가까운 곳에 법화정사를 짓기도 하였다.

●

왕사성의 칠엽굴

부처님 열반하시고 난 다음에 어떤 일이 생겼는가? 부처님의 법을
8만4천이라 한다. 중생에게도 8만4천의 법이 있고 삼라만상에도 8
만4천 법이 있다. 중생이 가진 8만4천의 법은 번뇌법이요 삼라만상
의 8만4천의 법은 생존의 법이다. 이 가운데 가장 위대한 법이 부처
님의 법이다. 그것은 나보다는 남을 위한 법으로 처음도 좋고 중간
도 좋고 끝도 좋은 법이기 때문이다. 부처님의 가르침이 문자가 아
닌 말로 법을 전하는 데는 한계가 있다. 중생은 누구나 자기중심 생
각이 있기 때문이다. 법을 듣고 다른 사람들에게 전할 때, 자기 생각
을 보태어 전하는 것이 보통이다. 부처님이 계실 때는 그분의 가르
침이 최선이었는데, 입멸한 뒤에는 저마다 제2의 부처, 제3의 부처
를 자처하면서 자기 말이 옳다는 주장을 하였다. 석가모니불이 입
멸한 뒤 3개월 정도 흐르자, 제자들이 부처의 법에 자신의 법을 첨
가하여 전달함으로써 불법佛法이 서서히 왜곡되기 시작하였다. 이
러한 현상을 가장 걱정스럽게 생각한 사람이 마하가섭이다. 마하가

섭은 부처님이 입멸하기 전과 같이 순수하고 바른 법이 전해지기를 염원하였다. 그리고 부처님의 가르침을 후세까지 바르게 전하기 위해 제자들과 함께 확인, 정리하는 작업을 하고자 하였다. 이것이 결집이다. 결집할 장소를 왕사성 동쪽 일곱 개의 꽃잎을 펼친 모양인 비프라산 중턱에 있는 필발라굴 옆 칠엽굴을 생각하였다.

마하가섭은 칠엽굴이 부처님 말씀을 결집하는데 최고의 장소임을 알았다. 부처님이 이 세상에 오실 때 일곱송이 연꽃을 밟고 오셨다. 80년이 지난 뒤 열반하시면서 8엽의 꽃잎 중에 한 잎이 떠나고 중생계에 7엽을 남기고 가신 것이다. 가섭존자는 일곱 잎의 꽃잎을 남긴 뜻을 생각하고 경전결집장소로 칠엽굴을 택한 것이다. 이 장소가 곧 비로자나불로부터 보호를 받을 장소임을 생각한 것이다. 사바세계는 1주간씩 반복된다. 1주간은 태양과 달과 오행인 불과 물과 나무와 금과 흙으로 이루어져 운행한다. 이 시간은 중생이 존재하는 날까지 영원히 존재하며 이어질 것이다. 비로자나불의 가지관정을 받은 칠엽굴의 결집도 중생이 있는 날까지 영원히 존재한다는 뜻이 담긴 장소이다. 건너편 영취산정에서 설한 미래 수기경《법화경》의 일곱 가지 비유법의 인연이 이곳 7송이 연꽃잎의 굴로 나타난 것이다. 가섭존자는 칠엽굴을 선택하고 1,250명에게 알렸다.

"부처님 말씀을 결집할 것이오. 동참자는 칠엽굴로 모이시오."

가섭존자의 이같은 선언에 500명은 찬성하고 750명은 묵묵

부답이었다. 묵묵부답은 반대와 다름이 없다. 그중에 일부 제자는 가섭을 향하여

> "부처님이 열반하시어 이제 잔소리를 듣지 않아도 되는데
> 가섭은 부처님을 대신하여 잔소리하고자 하는구나."

라며 심한 말까지 하였다. 많은 제자들의 반대에도 찬성한 500명의 상수제자와 함께 칠엽굴로 들어갔다. 나머지 750명은 굴 밖에 있었다. 굴밖에 모인 대중은

> "가섭은 죽림정사에서 출가한 이후 천축을 다니면서 교화만 하
> 였기 때문에 부처님의 말씀을 모르는 분이다. 경전을 결집한다
> 는 것은 하나의 핑계일 뿐, 부처님이 아니 계신 지금 부처님의 행
> 세를 하려는 것이다"

라고 의심하였다. 그러면서

> "아난다는 부처님을 25년 모시면서 45년간의 설법을 모두 듣고
> 외우는 분이다. 이제 아난다를 모시고 우리가 결집하자."

하면서 750명의 상수제자들은 자연스럽게 아난다를 가섭보다 존경하면서 별도의 결집을 제안하였다. 그러나 아난다는 가섭을 따라 칠엽굴에 동참하였다. 가섭은 결집하면서 먼저 우바리에게 계율을

결집하게 하였다. 아난다는 번뇌가 일어나기 시작하였다.

> '내가 부처님 말씀을 모두 기억하고 있는데 왜 가섭은 우바리에
> 게 결집하도록 하는가? 나는 필요 없는 사람인가? 여기에 계속
> 남아있을 것인가? 아니면 밖으로 나가 굴 밖의 제자들과 별도로
> 결집을 해야 하는가?'

아난다가 이렇게 번뇌를 일으키는 중에 가섭이 말하였다.

> "이 안에 부처님 제자로서 모두 사자후를 할 수 있는 사자들만
> 모였는데 여우가 있다. 여우는 스스로 나가 줬으면 좋겠다."

500명의 상수 제자는 가섭의 말에 서로서로 얼굴을 바라보면
서 '뉘가 여우인가?'를 찾고 있었다. 분위기는 조용하게 흘러 한참
을 지났다. 아무도 말이 없는 가운데 아난다가

> "가섭존자시여! 모두 부처님의 상수제자로서 사자들만 모였는
> 데 누가 여우입니까?"

아난다의 질문에 가섭존자는

> "아난다여! 네가 바로 여우니라."

아난다를 비롯하여 500명 대중들은 모두 놀랐다.

> **'아난다만이 부처님의 법을 모두 알고 있는데 가섭은 무슨 마음으로 아난다를 굴 밖으로 내보내려 하는가?'**

여우로 지적받은 아난다는

> **"가섭존자시여! 부처님이 45년간 말씀하신 법 이외 무엇을 존자에게 전하였습니까?. 부처님 말씀은 내가 모두 기억하고 있습니다. 이 법 외에 또 무슨 별도의 법이 있었습니까?"**

가섭존자는 아난다에게

> **"그것을 알고 싶으면 법당 앞에 있는 찰간刹竿을 꺾어버려라."**

아난다는 화가 나서 굴 밖으로 나왔다. 밖에 있던 대중들은 좋아하면서 아난다를 중심으로 부처님 말씀을 결집하고자 하였다.

아난다는 묵묵히 몇 날을 혼자 있었다. 그리고 가섭존자 말의 참뜻을 알고자 정진하기로 마음먹었다. 아난다는 750명 대중을 뿌리치고 계족산으로 들어갔다. 선정에 들었다. 그런데 정진 중에 번뇌만 일어나고 졸음 또한 참을 수가 없었다. 아난다는 산 정상의 절벽으로 올라갔다. 졸음이 오면 밑으로 떨어지리라 생각하고 절벽

위에 서서 정진하였다. 그래도 졸음은 여전하였다. 졸음 중에 앞으로 쏠리던 몸이 이제는 뒤로 넘어지는 것이다. 아난다는 다시 발뒤꿈치를 들고 정진하였다. 일주일이 되어 가섭존자가 말하는 '법당 앞에 찰간대를 부질러라'는 법을 깨달았다.

'나는 참으로 어리석었다. 45년간 설한 부처님 말씀을 모두 외우고 있었으나 참뜻을 알지 못했다. 이제 가섭존자의 가르침으로 진정한 아라한이 되었구나.'

가섭존자가 깨달은 염화미소, 다자탑전반분좌, 곽시쌍부 등 삼처전심의 소식을 깨달은 것이다. 그 후 아난다가 발뒤꿈치를 들고 정진하였다 하여 정진하던 산을 계족산鷄足山이라 하였다. 아난다는 가섭존자가 한없이 존경스러웠다.

'나의 스승은 마하가섭이다!'

아난다는 계족산을 내려와 곧바로 칠엽굴로 향하였다. 아난다가 굴 안으로 들어서자 500명의 상수제자는 모두 놀랐다. 아난다의 상호가 부처님과 같았기 때문이다. 대중들은 '이제 아난다가 부처가 되었는가? 아니면 석가모니불께서 다시 환생하셨는가? 그것도 아니면 타방세계 부처님이 오신 것인가?' 이렇게 의심하는 가운데 우바리존자의 율장결집이 끝났다. 이제 아난다가 경장을 결집하게 되었다. 아난다의 첫 일성一聲은 바로 이것이었다.

"나는 이와 같이 들었습니다[如是我聞]."

이 한마디에 500명의 제자들은 앞의 3가지 의심이 모두 사라지게 되었다. 이로부터 모든 경전의 첫머리에 '여시아문如是我聞'을 두게 된 것이다.

제1결집이 이루어진 후 상좌부와 대중부가 갈린다. 굴속의 500명은 상좌부요, 굴 밖의 750명은 대중부이다. 훗날 상좌부는 근본불교가 되고 대중부는 대승불교로 발전하게 된다. 대승불교로 발전하면서도 근본불교를 무시할 수 없기에 선종에서는 칠엽굴의 결집을 중요하게 생각하여 가섭존자를 선종의 초조로 하고 아난다를 제2조로 전법상승傳法相承의 체계를 세운 것이다.

현재 칠엽굴은 온천정사를 지나 비프라산 중턱에 하얀 대리석으로 지은 자이나교 사원을 지나 오른편으로 돌아가면 있다. 칠엽굴에 오를 때는 맨발로 올라야 한다. 굴 입구는 여러 개로 되어 있고 속은 좁다. 좁고 어두운 굴로 100m 정도 들어가니 촛불이 켜져 있고 무너진 돌들로 막혀있다. 그 옛날 지진으로 무너져 이렇게 되었다는 것이다. 칠엽굴에 들어가도 그 옛날의 모습은 볼 수가 없다. 그러나 사자후는 무너진 굴 안을 맴돌고 있는 듯하다.

굴 밖으로는 신왕사성과 일본 불자가 지은 법화사원이 보이고 오른편으로 아직 발굴되지 않은 제8 사리탑과 저 멀리 바이라 언덕에는 자이나교 사원이 흰빛을 발하고 군데군데 서 있다. 왕사성이 자이나교의 성지라는 것이 실감 난다.

진각성존께서도 창종 이후 외도로부터 갖가지 공격을 받으셨다.

'불상을 모시지 않는 불교는 불교가 아니다'
'당신이 부처인가?'
'승려가 없으면서 부처님의 정재淨財를 어찌 마음대로 사용하는가'

등 당시의 불교 정서와는 맞지 않는다는 것을 이유로 수없이 많은 공격을 받았다. 성존은 불교의 유신 깃발을 높이 들고 시대에 맞는 포교방법으로써 불교를 새롭게 하고 끊어진 밀교를 다시 일으키고자 하였다. 가섭존자의 칠엽굴 결집만큼이나 어려운 포교 활동이었다. 진각밀교는 마을 가운데 있으면서 새벽 정진과 낮 불사와 저녁 불사를 올린다. 그 당시 일반적 상식으로는 도저히 이해할 수 없는 것이었다.

칠엽굴

인간, 석가모니불을 만나다

●

가섭존자와 아난존자

석가모니불이 마가다 왕국에서 교화 활동을 할 때 대들보 역할을 한 제자는 사리불과 목건련이다. 부처님 열반 후 법을 이어간 분은 제1결집을 성사시킨 마하가섭과 아난존자이다. 불교가 석가족의 종교를 뛰어넘어 범 인도적인 종교로 확고하게 자리매김한 계기가 바로 칠엽굴 결집이다.

    가섭은 석가모니불의 열반 소식을 뒤늦게 듣고 달려갔지만 이미 입관한 상태였다. 마지막으로 스승의 얼굴을 보여 달라고 청하였으나 장례를 주관하던 아난다는 거절했다. 장례식을 치른 뒤 1차 결집을 하게 되었을 때 아난다는 아라한과를 증득하지 못하였다 하여 가섭존자로부터 결집장소에서 쫓겨났다. 가섭과 아난다는 이처럼 미묘한 갈등 관계에 있었다. 그런 중에도 부처님 열반에 흔들리는 승단의 기틀을 확립하는 데 결정적 역할을 했다. 두 사람은 석가모니불의 좌우보처와도 같은 제자였다. 그리고 선종에서는 가섭존자를 제1대 제자, 아난존자는 제2대 제자라 하였다.

가섭존자는 결집을 마치고 아난존자에게 모든 것을 맡기고 부처님의 가르침대로 부처님의 가사와 발우를 들고 계족산으로 들어간다. 먼 훗날 이 땅에 오실 미륵보살에게 석가모니불의 가사와 발우를 전하기 위해서 들어가는 것이다. 가섭존자가 산으로 들어가자 산의 큰 바위가 둘로 나누어진다. 갈라진 사이로 가섭존자가 들어가자 바위는 본래 모습으로 하나가 되었다. 무봉탑無縫塔이 된 것이다. 다른 모든 제자들은 공개된 장소에서 법을 주고받았으나 가섭존자는 조용한 가운데 부처님과 가섭존자 두 분만이 법을 주고받은 것이다. 이것이 비밀의 의미를 간직하게 되는 이심전심以心傳心의 법으로 종교의 신비성을 나타내는 것이다.

가섭존자와 아난존자 이야기에서도 알 수 있듯이 가까이 있는 사람이라 해서 무조건 도움이 되는 존재는 아니다. 때로는 나를 꾸짖고 괴롭히는 존재이기도 하다. 그러나 정법을 찾고 자성을 찾고 본심을 찾으면 이 모든 것이 부처님의 진정한 가르침이 되어 줄 것이다. 또 그것이 부처님과 가까워지는 길임을 명심해야 할 것이다. 칠엽굴의 1차 결집을 후원한 이는 아사세왕이다. 아사세왕은 경전을 결집할 때부터 결집이 끝날 때까지 공양은 물론 세심한 외호를 아끼지 않았다.

●

왕사성 '라지기르'

왕사성은 불교가 가장 발달하고 흥왕하던 곳 가운데 하나로, 부처님과 인연이 많은 곳이다. 출가승 시절에 만나 깨달음을 얻은 후 반드시 가르침을 내려주기를 약속한 빔비사라 왕이 다스리는, 강대한 마가다국의 수도로 32개의 대문과 64의 소문이 있던 왕사성이다.

마가다 왕국은 16개국으로 분열된 인도에서 가장 강성한 나라이며 문화의 중심지였다. 훗날 인도 최초의 통일 왕국을 세운 아소카왕의 마우리아 왕조로 이어진 곳이다. 왕사성은 뒷날 파트나로 수도를 옮길 때까지 수도로 사용된 도시이다. 왕사성은 힌두교와 자이나교의 성지였기에 많은 수행자와 학자가 모였던 곳이다. 싯다르타 태자가 출가하여 두 번째 스승 우드라카 라마푸트라를 만난 곳도 이곳이었다. 석가모니불이 3가섭과 1,000여 명의 제자와 함께 이곳으로 오게 된 것도 이곳의 교화가 중요하기 때문이었다.

석가모니불이 80세가 되어 아난다를 데리고 마지막으로 찾아

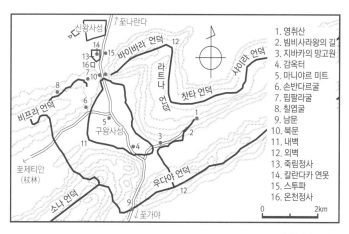

옛 왕사성 주변도

온 곳도 이곳이다. 석가모니불의 출가 생활에서 처음과 마지막 인연을 맺은 땅, 왕사성은 부처님과 선악의 인연으로 엮어진 곳이다.

출가 시절에 잠시 수행하던 5산 중의 하나로, 판다바산이 있는 곳. 제바달다가 부처님께 오후 불식, 고기를 먹지 말라, 분소의糞掃衣만을 입을 것, 정사精舍에 머물지 말 것, 항상 걸식으로 생활할 것 등의 5계를 지킬 것을 요구하였으나 부처님은 승낙하지 않았던 장소이다. 현재 마을 공원이 된 죽림정사, 《법화경》을 설한 영축산, 밀교 경전 결집처인 기사굴산, 가섭존자가 부처님의 열반 소식을 전해 들은 기사굴산, 발굴하지 않은 제8 근본사리탑, 아난존자의 사리를 이등분하여 모셔진 사리탑이 있는 도시이다아난다의 이등분한 다른 사리탑은 바이샤리에 있다.

제바달다가 바위를 굴려 부처님을 해하려 한 곳, 빔비사라 왕이 갇혔던 감옥, 부처님 열반 후에 가섭이 제1 결집하던 칠엽굴과 700여 명의 반대파가 있는 곳, 아사세왕에게 아버지인 빔비사라 왕을 풀어드리라고 청을 한 의사 기바의 집터와 망고 동산, 온천 정사, 부처님이 거닐던 거리, 빔비사라 왕이 부처님을 친견하고자 마차로 지나가던 옛길에는 지금도 그때의 마차 자국이 깊이 패어 있다. 세월의 무상과 선악의 무상, 권력의 무상을 느끼게 하는 곳이다.

●

인과법칙의 흐름

부처님의 법은 죄지은 자와 선을 행한 자에게 벌을 주거나 복을 주는 것이 아니다, 참회로 가르쳐서 바른길로 나아가도록 함이 목적이다. 그러므로 부처님의 가르침을 대자대비라 한다.

불교는 다른 종교와 비교하여 크게 두 가지가 다르다.

첫째는 부처님을 믿고 받들지만 나도 언젠가는 부처가 될 수 있다는 것이다. 다른 종교는 절대자라고 하는 신神을 내가 믿을 뿐, 열심히 믿는다고 해서 나 자신이 신은 절대로 될 수가 없다. 즉 하느님을 믿지만, 내가 하느님이 될 수 없다는 것이다.

둘째는 부처님은 죄지은 자와 악한 자를 벌을 주거나 억압하지 않는다. 또, 복 짓고 덕을 쌓은 자에게 복을 주거나 공덕을 내리지도 않는다. 잘못했으면 참회하게 하여 그 잘못을 고치도록 할 뿐이다. 다른 종교는 신의 말씀에 거역하고 따르지 않으면 큰 비를 내려 수몰시키고, 땅을 허물어 매몰시키며, 미련을 갖고 뒤돌아보는 자를 돌로 변화시키기도 한다. '신을 따르는 자가 10명만 되어도 도시는 파괴하지 않는다'는 언약까지 한다. 이처럼 신에 대항하면 무조건 벌을 주면서도 한편으로는 '서로 사랑하라. 오른쪽 뺨을 때리면 왼쪽 뺨도 내어놓아라'고 가르친다. 가르침의 중심이 무엇인지 알지 못하는 사상이다.

부처님은 어떠한가? 어린아이를 잡아먹는 귀자모, 용만 먹는 금시조, 부처님을 세 번이나 살해하려 했던 제바달다, 스승의 꾐에 빠져 99혹은 999명을 살해한 앙굴마라, 아버지를 감옥에 가두어 죽게 한 아사세왕, 부처님의 법을 험담하고 왜곡시키는 6사 외도와 96명 외도, 카필라성을 함락시켜 석씨족을 몰살한 코살라국의 유리왕 등 부처님은 어느 누구라도, 그 무엇으로도 벌을 주거나 위협하지 않았다. 수천 년 도도히 흐르는 인도교의 가르침인 인과법칙에 맡기고, 지난 잘못을 참회하여 스스로 소멸하게 하였으며, 바른 생각 바른말 바른 행동을 하여 두 번 다시 죄를 짓지 않게 제도할 뿐이다.

근세에 인도 역사를 보면, 영국으로부터 300년 동안 간섭받고 100년 동안 식민지로 살았으나, 영국을 향하여 벌을 받게 하거나, 보복하지도 않고, 저주하지 않고, 스스로 잘못을 인정하고 물러나기를 바라는 마음으로 무저항의 독립운동을 한 것을 보아도 알 수 있을 것이다.

이와 같이 부처님의 가르침은 모든 것을 인과법칙에 맡기게 한 것이다. 특히 수행하는 승단에서 잘못하였을 때 벌을 준다는 것

은 진정한 불제자가 하는 일은 아니다. 진각성존도

"사람이 잘못하면 사람이 벌을 주는 것이 아니라,
진리 법계가 그 사람을 다스린다."

고 하였다. 진리 법계는 인과로 운영된다. 누가 벌을 줄 자격이 있어 벌을 줄 것인가? 모든 것은 인과에 의하여 운행되는 것임을 알아야 한다. 우리는 무엇을 가르치고 무엇을 배우면 무엇을 근본으로 수행할 것인가? 다시 한번 부처님의 가르침의 참뜻을 새겨야 할 것이다. 현실에서 잘못을 저지르거나 죄를 짓고 벌을 내리는 것은 통치자들이 안전과 질서를 지키기 위하여 만든 법일 뿐이다. 그러므로 이 세속의 법은 권력자에 따라 변하고 시대 따라 변하는 것이다. 부처님의 가르침은 대자대비를 근본으로 하는 치유법이기 때문에 수행 문중에서는 법을 어긴 자는 참회하고 포살布薩하는 기회를 주어 고치게 하는 것이 제일 좋은 방법이다. 참회할 기회도 주지 않고 영원히 수행처인 교단을 떠나게 하는 것은 악법惡法이다. 교단을 떠나게 할 정도의 벌을 내릴 때는 심사숙고하여 결정해야 한다.

힌두교의 열반, 그리고 인도

인도는 사람이 열반하면 화장하여 강에 뿌리는 풍습이 있다. 강이 먼 대부분 마을에서는 화장하지 않고 도로변에 묻는다. 산이 없기에 주로 도로변에 묻는 것이다. 그렇게 도로변에 묻고는 그 위에 한 그루 과일망과나무를 심는다. 그래서 할아버지 나무, 할머니 나무, 아버지 나무, 어머니 나무가 있는 것이다. 그 나무는 그늘을 드리워 시원하게 하고, 열매를 제공하여 풍요를 준다. 열대에 살아가는 후손들은 이렇게 함으로써 '조상의 그늘 덕[陰德]'으로 살아간다고 생각하는 것이다. 명당明堂을 찾고 후세를 중요시 생각하는 한국에서는 있을 수 없는 현상이다.

　　인도 시골 생활을 보면, 지나가는 길옆 나지막한 초가집 지붕 위에 박 넝쿨과 호박 넝쿨이 올라가 있어 우리네와 별다르지 않다. 벽돌 기둥 둘만 있으면 집이 된다. 역사기록이 분명하지 않은 나라, 서두르지 않는 나라, 모든 것을 신으로 섬기는 나라가 인도이다. 손에는 팔찌, 맨발로 다녀도 발목에는 발목걸이를 하였고, 머리를 감지 않아도 댕기와 장식은 하는 인도 사람들이다. 무질서하면서도 질서가 있는 나라, 서로 양보하고 성내지 않고 웃으면서 지나가는 평화로운 나라, 그래서 가난하지만 천박하지 않은 나라. 이것이 인도의 멋일지도 모른다. 영국 여왕의 초청을 받은 간디옹이 흙탕물에 들어갔다가 나온 진흙 발로 지팡이를 짚은채 호화로운 카펫을 깔아놓은 궁전으로 들어가는 모습을 보았을 때 뭇 사람들이 경악했던 그 표정! 간디의 그 모습은 어쩌면 인도를 표현하는 상징과도 같다고 할 수 있다. 우리가 아무리 미사어구美辭語句를 동원하여 글을 쓰고 표현한다 해도 인도는 그렇게 말이나 글로 쉽게 표현할 수 있는 나라가 아니다. 그냥 인도일 뿐이다. 있는 그대로 눈에 들어오는 편안한 나라가 바로 인도이다.

"자비한 가르침에 머리 숙여 합장합니다."

V
스라바스티, 기원정사

스라바스티는 마가다 왕국과 어깨를 견줄 만큼 강력한 힘을 가진 코살라 왕국의 수도, 석가모니불이 전 생애를 통해 가장 오랫동안 머문 곳이다. 금욕적인 생활과 불살생(不殺生)을 주장한 기원정사를 세운 수달타 장자의 집터, 《금강경》을 설한 기원정사, 사람 손가락을 잘라 목걸이를 만들었던 앙굴마라의 집터, 신라의 수도 '서라벌'이 스라바스티의 음역(音譯)이고, 대한민국 수도 '서울'의 원어와 '서라벌' 유래설이 있는 도시이다.

●

초청의 성 사위성舍衛城 ; 스라바스티

"거룩한 부처님께 귀명歸命합니다."

스라바스티[室羅伐城 = 사위성]는 교통과 상업의 중심지이자 종교의 중심지로서 중요한 역할을 한 곳이다. 불교와 함께 자이나교, 힌두교 등 다양한 종교 활동이 활발한 도시이다. 사위성은 석가모니불의 일생과 밀접한 관련이 있으며, 불교 역사상 중요한 인물들과도 많은 인연을 맺은 곳이다.

　　인도의 여러 부족국가 가운데 가장 강대한 국가는 마가다국과 코살라국이다. 마가다국은 갠지스강 중류 남쪽에 위치하고 코살라국은 갠지스강 중류 북동부 랍티 강변에 있다. 마가다국의 수도는 나지기르王舍城며, 국왕은 빔비사라 왕이요, 코살국의 수도는 스라바스티舍衛城요, 국왕은 파사익 왕이다. 두 나라 사이에 석씨족의 카필라성, 말라족의 쿠시나가라, 릿차비 계통 밧지족의 바이샤리가 있다. 모두 티베트 계열과 몽고 계열인데 두 나라는 아리안계이다. 국경은 멀지만, 이웃처럼 다니면서 혼사도 맺고 상업 등 서로 교류하고 있다. 이렇게 서로 공조하면서 경쟁의 상대이기도 하였다. 두 나라는 바라문교婆羅門教를 신봉하고 있어 두 나라의 수도 근교에는 바라문교의 성자들이 많았다. 바라문교가 1,000여 년을 흘러오는 동안에 악습들이 많아 사람들이 싫증을 내고 있을 때 불교와 자이나교 등 신흥종교가 일어나게 된 것이다. 지나친 욕심과 권력에 대한 집착, 자기만을 존경받으려는 승직자들의 아만, 인간성을 무시하는 사성 계급제도 등 이러한 악습을 없애기 위하여 실오라기 하나 걸치지 않는 승자상을 보이는 자이나교가 등장하여 무소유를 바탕으로 생명의 소중함과 평등함을 몸으로 보여주고 있었다. 이러한 사위성에 수달타 장자가 부처님을 초청한 것이다.

사위성Śrāvastī의 부호 수달타須達陀 장자는 왕사성 부호의 누이동생을 부인으로 맞이하여 살고 있었다. 수달타는 장사차 왕사성에 갔다. 처가 집에 들어가니 오늘따라 사람들이 분주하게 움직이고 있었다. 처남에게 물었다. 그러자 처남은 이렇게 답했다.

"부처님과 그의 제자에게 올릴 공양을 준비하는 중이다."

수달타는 부처님이란 말을 듣는 순간 몸에 열이 나면서 환희심이 일어났다. 수달타는 부처님 계신 곳을 물어 죽림정사로 향하였다. 부처님은 정사를 거닐다가 저 멀리 수달타가 오는 것을 보면서 정사를 나와 길옆 니그루다 나무 아래에서 가사로 좌복을 만들어 앉아 선정에 들었다. 수달타가 가까이 오자 부처님은

"어서 오너라, 수달타여!"

라고 말씀하셨다. 수달타는 부처님이 자기 이름을 부르는 순간 깜짝 놀라 부처님 발에 예를 올리고 합장하며 꿇어앉았다. 부처님은 고집멸도와 팔정도를 설하였다. 수달타 장자는 그 자리에서 곧바로 깨달음을 얻었다. 이러한 일은 재가자에게 일찍이 없었던 상황이다. 3가섭도 마하가섭도 사리불과 목건련도 1주일 혹은 2주일 혹은 10일 뒤에 깨달음을 얻었다. 법을 듣고 곧바로 깨달음을 얻은 자는 녹야원에서 교진여와 이곳에서의 수달타뿐이다. 교진여는 6년간 수행한 수행자이다. 이에 비하면 수달타 장자는 대단한 지혜의 소유자이다. 수달타는 평소에도 가난한 이에게 급식을 제공하는 사위성 최고의 보시자로 그를 '급고독장자給孤獨長者'라고까지 부른다. 선지식을 찾아 법을 묻고 수행하기를 좋아한 재가자이다.

　　수달타는 깨달음을 얻은 뒤 부처님께 공양을 받아달라고 청하여 승낙을 받았다. 부처님은 정사로 돌아가고 수달타는 왕사성에 돌아왔다. 처남이 부처님께 공양을 올린 다음에 자기가 공양을 올리기로 날을 잡은 것이다. 이 소문이 왕사성 전역에 퍼졌다. 왕사성 부호들은 수달타가 부처님과의 약속한 것을 모르고 다만 수달타가 왕사성까지 와서 공양을 올린다면 그날은 필경 좋은 날일 것이다. 이 좋은 날을 사위성 외지인에게 빼앗길 수 없다. 왕사성의 부호들이 수달타를 찾아와 자기가 공양을 올리게 해달라고 간청하였다. 이에 수달타는

"그렇게 할 수 없소. 이미 부처님과 약속을 하였습니다."

라고 말하며 사양하였다. 이에 수달타를 왕사성 부호들이 비난하기 시작하였다. 수달타는 공양을 올리면서도 마음이 편안하지 않았다. '부처님이 이곳 죽림정사에 계시기 때문'이라고 생각한 수달타는 '부처님을 사위성으로 모시고 가야겠다'고 생각하면서 정성껏 준비한 음식을 부처님과 1,250명의 대중에게 공양을 올렸다. 공양을 마친 후 수달타는 다시 부처님께 청하였다.

"부처님이시여! 다음 우안거 때는 제자들과 함께 사위성에
오십시오. 그곳의 사람들도 부처님의 말씀을 듣고자 합니다."

부처님은 그 자리에서 대중과 함께 사위성에 가겠다는 약속을 하였다. 인도에는 '우안거雨安居'라 하여 비가 오는 여름 석 달 동안 승려들이 한곳에 머물며 수행하는 전통이 있다. 이때는 초목이 자라기 때문에 초목을 밟거나 상하게 하지 않기 위한 것이며, 동물들은 집안에서 활동의 힘을 저축하기 때문에 동물들에게 피해를 주지 않기 위하여 제정한 수행율법이다.

수달타는 사리불과 함께 곧바로 사위성으로 돌아왔다. 돌아오는 길에서 수달타는

'부처님이 교화하기 편리하도록 12개의 승원을 지어 공양하리라.'

하며 서원하였다. 그는 그렇게 마음먹은 대로 좋은 땅과 숲을 매입하여 부처님 오시는 길에서 쉴 수 있도록 중간중간에 승원을 지었다.

부처님이 죽림정사에 계시다 보니, 왕사성의 사람들이 매일 걸식하는 것에 대하여 비난이 들어오기도 하여 사위성으로 가시려고 하였다. 부처님은 안거 때가 다가옴을 알고 일행은 왕사성 죽림정사에서 사위성으로 향하여 출발하였다. 파트나를 지나고 바이샤리를 지나면서 암마라 숲속에서 잠시 머물다가 걸음을 옮겨 카필라성을 옆으로 하고 사위성에 도착하였다. 마가다국에서 사위성에 오는 20여 일간 많은 사람들이 부처님께 귀의했다. 사위성 사람들은 부처님이 오신다는 소문을 듣고 사위성 입구에서부터 길을 정비하였다. 정비된 길에서 환호를 받으면서 기원정사로 향하였다. 이 길을 '부처님 길'이라 하였다.

●

기원정사

사위성 집으로 돌아온 수달타 장자는 부처님과 그의 제자들이 머물 장소를 찾다가 도시와 멀지 않으면서 조용하고 사색하기에 적합한 숲을 발견하였다. 사위성 서남쪽 1km 정도 지점에 있는 동산이다. 이곳은 기타祇陀 태자의 소유지였다.

수달타는 기타 태자를 찾아가 땅을 팔라고 하였다. 기타 태자는 팔고 싶은 마음이 없어 금화로 땅을 덮는다면 팔겠다는 다소 억지스러운 제안을 하였다. 그러자 수달타는 수레에 금화를 가득 싣고 와서 바닥에 황금을 깔기 시작한다. 장난스럽게 한 말을 실행하는 수달타 장자의 모습을 지켜보던 기타 태자가 그 까닭을 묻자, 석가모니불이 머물면서 설법할 사원을 짓기 위해서라고 대답하였다. 부처님을 향하는 수달타의 신심에 감동한 기타 태자는 나머지 땅은 자기가 보시하겠다면서 더 이상의 금화를 깔지 말라고 하였다. 금을 깔지 못한 우물을 훗날 사람들이 기타 태자 우물이라 하였다. 기타 태자는 목재를 지원하는 한편, 동산 입구에 아름다운 정문을 세우기도 하였다.

수달타는 숲의 한복판에 7층의 대법당을 세우고 부처님이 머무를 법당을 여래향실如來香室이라 하였다. 부처를 존경하는 사람들이 저마다 꽃을 꺾어와 방 앞에 놓아두니, 그 방에서 늘 꽃향기가 가득하였다는 의미에서 붙인 이름이다. 주변에 제자들이 기거할 98개의 방을 만들었다. 그리고 비구들에게 법을 전하는 장소, 재가자들이 법문 듣는 거대한 강당, 많은 수행자가 공양할 수 있는 공양당, 휴식을 취할 장소, 말씀을 암송하며 산책할 길을 차례차례 정비하였다. 목욕할 연못에 아름다운 빛깔의 연꽃을 심고, 큰길 가까운 곳에는 시원한 물이 솟는 샘을 여러 개 파서 오가는 사람들이 이용하도록 하였다.

정사가 완성되어 이름을 기원정사祇園精舍라 한 것은 '기타祇陀 태자의 정원庭園에 세운 사찰'이라는 뜻이다. 기원정사는 땅의 기운이 편안하고 바람의 기운이 상쾌하여 수행 장소로는 더없이 좋은 곳이다. 부처님은 사위성에서 24년을 머무는 중에 기원정사에서 22번이나 안거安居를 하면서 설법을 가장 많이 하셨다. 경전 서분序分에 '기수급고독원'이 나오는 경이 70% 이상 차지하고 있음만 보아도 당시 상황을 짐작할 수 있을 것이다.

죽림정사는 칼란다 장자가 기증하고 빔비사라 왕이 승원을 짓고 칼란다 장자가 호수를 만들어 보시하였는데, 기원정사는 수달타 장자가 황금을 깔아 매입한 땅 위에 집을 짓고, 기타 태자가 숲과 우물과 정원을 꾸며 보시하였다. 죽림정사는 처음에 건물 없이 대나무숲 자체를 정사로 하여 인도의 옛 방식대로 대나무숲에 머물면서 수행한 곳이라면, 기원정사는 처음부터 건물을 지어 비바람을 피하게 한 곳이다. 대나무를 심은 정사와 황금으로 매입한 정사, 두 정사의 격이 다르다.

현재의 기원정사는 부처님 당시 것이라고는 아난다의 보리수만 외로이 서 있다. 다 허물어진 건물터에 붉은 벽돌로 지은 각종 스투파와 사찰의 기초흔적만 보아도 당시의 방대하고 웅장했음을 짐작할 수 있다. 부처님이 법을 설하던 향실 허물어진 기초단, 라훌라의 수행처, 목건련의 수행처, 사리불의 스투파와 18점의 대 비구의 스투파, 부처님이 비구를 간병하였던 푸티카타 티샤Putigatta Tissa가 있고, 부처님께서 물을 드신 우물이 있다. 보드가야 대보리사의 보리수가 이곳에서도 중생의 마음을 어루만져주기를 바라면서 아난다가 묘목을 옮겨와 심은 제2대의 보리수가 그 옛날의 영화를 말해주듯 홀로 우뚝 서 있다. 부처님 당시의 7층의 누각이 열반 후 어느 날 쥐가 등불을 넘어뜨려 불타고 없어졌다. 웅장하고 화려했던 기원정사가 한 마리의 쥐 때문에 사라진 것이다. 역시 모든 것은 공으로 돌아가는 것인가? 그 후 2층의 대 법당을 세웠으나 그것마저 파괴되었다. 부처님이 삼매에 머물렀던 중앙정전, 지금 그 자리에는 순례자가 올린 노란 꽃이 바닥에 깔려 있으며, 정전 바라볼 수 있는 바깥 실에서는 태국과 미얀마에서 온 순례자들이 앉아 경전을 독송하고 있었다. 우리 일행은 부처님이 설법하시던 정전 앞쪽의 전당 터에 올라 동참한 대중들에게 부처님의 법을 전하였다.

해공제일 수보리

대승원 기원정사가 이루어지는 데는 현실적으로 가장 많은 재산을 보시한 수달타 장자와 기타 태자이다. 그런데 이보다 더 큰 보시를 한 사람이 있었다. 수달타 장자의 동생 부부이다. 동생은 재산은 없지만 하나 아들을 출가시켜 부처님을 모시도록 한 것이다. 바라문 가문으로서 형의 보시하는 모습을 보고 발심하여 보시할 것을 찾는 중에 외아들을 생각한 것이다. 이 아들이 훗날 해공제일解空第一 수보리須菩提다. 이것이 기원정사의 또 하나의 인연인 법공양이다. 부처님은 이곳에서 사바세계 중생에게 전할 수 있는 최고의 법문인 '공空'을 말씀하셨다. 무명에서 벗어나 영원하고 변함없는 부처님의 진리인 공의 세계를 말씀하신 〈반야부般若部〉의 설법 대담자가 수보리이다. 이 세상에 있는 것은 무엇이든 변천한다. 다만 부처님의 말씀만이 영원하여 변하지 않는다. 그것은 상相을 끊은 진리의 말씀이기 때문이다. 상相은 업業으로 형성되는 모양이므로 금강金剛이 아니면 끊을 수 없다. 금강 반야는 진실하며 무주상無住相에서 비롯된다. 기원정사에서 안거하시면서 설하신 반야般若는 방대하여 600부에 달한다. 600부 반야를 한 권으로 나타낸 경이 《금강반야바라밀다경》이며, 다시 260자로 함축한 경전이 《반야심경》이다. 반야般若란 번역할 수 없다. 굳이 번역한다면 대·다·승大多勝의 의미를 지닌 지혜이다. 그러나 이 지혜는 세간의 지혜와는 다르다. 세간의 지혜는 객관적 세계에 대한 지식, 논리와 개념에 따른 지식, 또는 이런 것을 분별하는 지혜를 의미한다. 그러나 반야의 지혜는 마음을 깨침으로써 시간과 공간이 벌어지기 이전, 주관과 객관이 나누어지기 이전, 육체가 마음의 근원으로 돌아간 지혜, 부처와 중생이 본래부터 깨달을 것이 없는 지혜, 크고 많고 위대하여 한마디로 표현할 수 없는 지혜를 의미한다.

공空의 이치를 기원정사에서 설하신 데는 그만한 이유가 있었다. 사위성 주변에 많은 외도의 선각자들이 모여 부처님의 법을 파기하고자 하였다. 부처님이 보드가야에서 3가섭을 제도하고 왕사성에서 사리불과 목건련이 제도 되면서 3가섭의 제자 1,000명과 사리불과 목건련의 제자 250명이 출가하면서 사리불의 스승이었던 산자야가 화병으로 죽고 바라문교가 무너지는 모습을 보았기에 외도들은 이 상황을 보고만 있을 수 없다는 생각으로 부처님의 위상을 허물고자 호시탐탐 기회를 노리고 있었다. 그 가운데 하나를 보면, 부처님이 기원정사에서 설법할 때 일어난 일이다. 한 여인이 불룩한 배를 감싸고 자리에서 벌떡 일어나 큰소리로 외쳤다.

"부처님은 어찌 법만 설하시고
우리 사이에 태어날 아이 생각은 하지 않으십니까?"

여인의 말을 듣고 여기저기서 웅성거리는데, 갑자기 바람이 불면서 여인의 옷자락이 펄럭이더니 나무로 만든 바가지가 툭 떨어졌다. 여인은 이교도들이 보낸 첩자였다. 불교 신자로 가장하여 기원정사를 왕래하면서 새벽녘에 부처님을 친근하여 불공을 드리곤 했다. 그러고는 조금씩 배가 부르게 만들었다가 부처님의 아이를 가졌다고 모함한 것이다. 이처럼 이교도는 불교를 견제하기 위해 이런저런 일을 꾸몄으나 부처님은 모든 것을 극복하고 중생이 삶의 고통과 절망에서 벗어나는 방법을 설하면서 외도들을 제도하기 위하여

모든 법은 허망한 것인데 너와 나를 나누어 싸울 시간이 없다. 급하고 급한 것은 다툼이 아니라 깨달음이다. 눈에 보이는 현상은 모두 공空으로 돌아가 남음이 없는데 하물며 형상形相을 가진 몸이겠는가?

하는 공의 이치를 설하기 시작한 것이다.

"기존의 있는 모든 것은 곧 사라진다. 그러므로 집착하지 말라. 너희들이 믿고 따르는 모든 것은 허상이다. 어느 하나 영원한 것은 없다. 만일 영원한 것이 있다면 그것은 천상도 아니요, 아라

한도 아니다. 바로 진리 그 자체이다. 진리 중에도 비로자나불의 진리이다. 비로자나불의 진리는 공으로 나타난다. 아무것도 없는 것처럼 보이지만 허공 가득히 존재하며, 파괴하려 하여도 파괴할 수 없는 것이 마치 단단하기가 금강석과 같다. 사바세계는 탐진치만의貪瞋癡慢疑가 가장 단단하다. 이제 그 단단한 탐진치를 비로자나불의 불괴不壞의 금강으로 파괴하여 삼독三毒으로 받는 고통에서 벗어나야 한다.”

이러한 말씀을 하시면서

“인간 세상의 부귀영화도 천상의 쾌락도 잠시 머무는 허공에 나타나는 꽃과 같은 것이다. 이 이치를 깨달았다면 ‘나’라는 것과 ‘너’라는 것과 ‘중생’이라는 것과 ‘영원하다’는 생각을 버려라. 이러한 네 가지 상을 버린다면 그 자리가 영원불멸의 자리인 공의 세계에 안주할 것이다. 그리고 윤회에서 벗어날 것이다.”

사상四相을 끊고 무주상無住相으로 머물도록 말씀을 하셨다.

“어떠한 업도 짓지 말라. 무엇을 하였던 지은 없이 있다면 윤회의 틀에서 벗어나지 못한다. 진리의 깨달음만이 윤회에서 벗어날 수 있다.”

부처님은 이러한 무주無住의 공사상으로 외도들이 추구하는 천상의

쾌락을 구하는 집착과 애착과 갈애渴愛들을 끊게 하였다.

많은 외도 중에는 부처님의 사상과 비슷한 법을 설하는 자가 있었다. 그것이 무소유를 주장하는 자이나교주이다. 몸에는 실오라기 하나도 걸치지 않는 무소유의 수행을 하는 교단이다. 부처님은 공의 설법으로 사위성에 머무는 6사 외도와 96명의 외도를 항복시켰다. 모든 외도의 제자들이 해산되면서 일부 제자들은 부처님께 귀의하기도 하였다. 그 가운데 500여 제자들은 후세의 천상에 태어나기를 바라면서 스스로 몸을 화장하기로 하였다. 부처님이 아시고 화장장에 이르러 외도들이 불에 타지 않도록 화광삼매에 들었다. 외도들은 부처님의 위신력에 감동되어 모두 제자가 되기도 하였다.

왕사성이 부처님 법을 넓힌 곳이라면 사위성은 이처럼 부처님의 법을 외도로부터 지킨 곳이다. 이곳에서 제바달다가 손톱에 독을 묻혀 부처님을 해하려고 하다가 생암지옥에 떨어진다. 이에 부처님이 제바달다를 생암지옥에서 구제해준다. 갈라졌던 땅은 연못으로 변했다. 앙굴마라가 부처님께 귀의한 곳도 기원정사이다. 오히려 제바달다와 앙굴마라는 부처님의 법을 단단한 반석 위에 올려놓은 계기가 된 것이다. 부처님이 기원정사에서 법을 설하실 때 천불이 탑으로 화현하여 설하신 법이 정법임을 증명한 곳이다. 그러므로 이 장소를 '기적의 장소'라고 한다.

수달타 장자의 집

기원정사에서 1km 정도 떨어진 곳에 수달타 장자의 집터가 남아있다. 이곳을 발굴자들이 사위성 터라고도 한다.

　역사상 수달타 장자처럼 헌신적인 불교 신도는 없었다. 왕사성에서 사위성 사이에 수달타 장자가 세운 사원이 많지만, 그 흔적들을 찾을 수 없어 크게 기원정사만을 논하는 것이다. 수달타 장자의 보시하는 마음은 대단하여 누구도 따라갈 수 없다. 하루 세 차례씩 기원정사를 찾아 부처님과 대중에게 공양 올리고 설법을 들었다. 전 재산을 보시해 경제적으로 어려울 때도 빈손으로 온 적이 단한 번도 없었다. 가져올 것이 없으면 흙과 물이라도 퍼 와서 기원정사의 꽃과 나무를 가꾸곤 했다. 나중에는 파산지경에 이르렀으나 수달타 장자의 보시 정진은 계속되었다. 이에 감동한 제석천이 신통력을 발휘하여 예전에 수달타 장자에게 큰돈을 빌려 간 장사꾼이 그 빚을 갚도록 해주었다. 다시 부자가 된 수달타 장자는 기쁜 마음으로 보시 공양을 함으로써 많은 공덕을 쌓았다.

앙굴마라 집과 녹자모鹿子母 승원

수달타 장자 집터에서 200m 정도 거리에 앙굴마라의 집터가 있다. 현재 남아있는 1층 입구는 들어가지 못하도록 철문으로 앞을 막았다. 부처님이 사위성 교화 활동할 무렵 이곳에 살던 앙굴마라는 매우 잘생기고 지혜로운 청년이었다. 마니발타라 바라문 스승의 가르침을 받으면서 수행에 힘썼다. 어느 날 스승이 집을 비운 사이 스승의 부인이 유혹했으나 앙굴마라는 이를 단호히 물리쳤다. 앙심을 품은 스승의 부인은 돌아온 남편에게 앙굴마라가 자기를 욕보이려 했다고 거짓말을 하였다. 크게 분노한 스승은

> "지금부터 밖에 나가 처음 보는 사람 순서대로 100명일설에는 1000명의 사람을 죽여 손가락을 한 개씩 모아 목걸이를 만들어 오라. 그러면 너에게 나의 모든 법을 물려주리라."

하며 명령을 내렸다. 순진한 앙굴마라는 거리로 나가 99명의 목숨

앙굴마라 집터

을 빼앗고 죽은 사람의 손가락으로 목걸이를 만들었다.

　이 소식을 접한 부처님은 제자들의 만류에도 불구하고 앙굴마라를 찾아갔다. 마지막 한 명의 목숨만 빼앗으면 목표를 달성할 순간, 앙굴마라는 아들의 살인을 만류하러 나온 어머니를 만났다. 그의 어머니가 100명째 사람이다. 앙굴마라는 잠시도 주저하지 않고 어머니를 죽이려 하였다. 이때 앙굴마라 앞에 부처님이 나타나 법을 설했다. 그제야 앙굴마라는 그릇된 법에 마음을 빼앗겨 죄를 지은 줄 알고 부처님께 깊이 참회하였다. 참회한 뒤 불교에 귀의하여 수행자가 되었다. '앙굴리'는 손가락, '마라'는 목걸이라는 뜻으로 앙굴마라는 '손가락을 잘라 목걸이를 만든다'는 의미이다.

녹자모 승원
鹿子母 僧院

사위성 동쪽에 나형 외도를 믿는 시아버지를 부처님께 귀의시킨 여자 부호인 바사카[鹿子母]가 세운 탑형의 녹자모 사원이 있다. 사원은 180만금을 희사하여 목건련이 9개월간 감독하여 완성한 상하 2층으로 500여 개의 승방이 있는 대정사였다. 녹자모는 이곳에서 부처님께 여덟 가지의 보시법을 허락을 받았는데 그 내용은 다음과 같다.

① 일생 동안 비구교단에 비가 올 때 옷을 보시하겠습니다.
② 나그네 비구에게 음식을 보시하겠습니다.
③ 여행을 떠나는 비구에게 음식을 보시하겠습니다.
④ 병든 비구에게 음식을 보시하겠습니다.
⑤ 간병하는 비구에게 보시하겠습니다.
⑥ 약을 보시하겠습니다.
⑦ 항상 죽을 보시하겠습니다.
⑧ 일생동안 비구니 교단에 목욕할 때 옷을 보시하겠습니다.

이렇게 수행승들에게 필요한 부분을 보시하겠다는 원력을 세운 것이다. 지금은 폐허가 되어 녹자모 강당이 어디인지조차 모른다. 발굴될 인연이 되지 않았기에 아직까지 알 수 없는 것이다. 녹자모 사원은 보시의 법이 바로 서는 날, 그 날에 반드시 나타날 것이다.

●

카필라성에 돌아온 부처님

정반왕은 태자가 출가한 이후 사람을 보내어 암암리에 태자의 고행하는 모습을 살피게 하였다. 난행과 고행으로 피골이 상접할 정도라는 소식을 들었을 때는 가슴이 메이는 아픔을 맛보았다. 이때 정반왕도 사치한 생활을 접고 검소한 생활을 하였다. 음식도 맛을 추구하지 않았다. 오로지 아들의 무사하기만을 바라면서 기도하였다. 태자가 보리수 아래에서 아뇩다라삼먁삼보리를 이루었다는 소식을 들었을 때는 카필라성 전체가 축제 분위기였다.

'이제 부처가 된 태자를 보겠구나!'

하루하루를 기다렸으나 보드가야를 떠나는 태자는 카필라성이 있는 북쪽으로 향하지 않고 남쪽 바라나시로 향하였다. 부왕은 또다시 실망하였다. 부처님은 녹야원을 지나 왕사성으로 가셨다. 부왕은 신하를 보내어 카필라성으로 모셔오게 하였다. 그러나 모시려 간 신하마다 모두 출가하여 돌아오지 않았다. 성불한지 6년이 가까워질 때, 수달타 장자의 청에 의하여 사위성으로 부처님이 가시게 되었다. 정반왕은 이번에는 오겠구나. 생각하였는데 부처님은 카필라성을 지나 곧바로 사위성의 기원정사로 가셨다. 정반왕은 태자가 참으로 야속하였다.

'부모가 있고 부인이 있고 자식이 있는 이곳을 어찌 지나칠 수가 있는가? 참으로 냉정한 사람이다.'

부왕의 이런 생각은 잠시뿐이고, 다시 신하에게

"태자를 카필라성으로 모셔오라. 네가 혹 다른 신하처럼 출가하여도 태자는 반드시 오시도록 하라."

간절하게 부탁하였다. 부처님은 내일이 동생 난타의 결혼일이라는 소식을 듣고 기원정사에서 카필라성으로 가셨다. 정반왕은 부처님이 오신다는 소식을 듣고 성안을 깨끗하게 장엄하여 부처 맞을 준비를 하였다. 부처님은 구걸하면서 카필라성으로 들어왔다. 부왕은 탁발승의 태자 모습을 보고 태자를 나무랬다.

"우리 집안에서 구걸하는 사람은 없었다. 왜 석가족에게 모욕을 주는가?"

"이것은 우리들의 예법이며, 우리들의 가계家系에서 내려오는 관습입니다."

　　부처님의 이 말씀은 '나는 이제 아버님의 자식으로 살아가는 것이 아니요, 연등불, 교진여불, 가섭불 등의 부처가[佛家]로 살아간다'는 의미이다. 정반왕은 태자 탄생시에 아사타 선인이 '태자는 전륜성왕의 상을 지니고 태어났으나 전륜성왕이 되지 않고 부처가 될 것입니다'라고 했던 말씀이 새삼스럽게 생각났다. 부처님은 궁중에서 결혼 준비를 하는 동생 난타를 데리고 야외로 나와 니그로 동산 나무 아래에서 머리를 깎아 출가시켰다. 자기를 키워준 이모 마하파사파제에게 태어난 동생으로 장차 카필라성의 왕위를 계승할 왕자였다. 난타가 출가했다는 소식을 들은 정반왕의 실망이 얼마나 컸겠는가? 부처님이 카필라성에 돌아온 7일 만에 야수다라 왕비는 아들 라훌라를 부처님에게 보내면서 다음과 같이 말하도록 하였다.

　　"저에게 물려 줄 재산나라를 다스리는 전륜성왕이 되는 관정식을 주십시오."

15년 만에 만나는 부자 상봉이다. 부처님은 사리불에게

　　"이 아들은 아버지의 보배를 얻고자 한다. 나의 보배는 무상정등 정각이다. 이제 그것을 이 아들에게 주고자 한다."

다시 사리불에게 말씀하셨다.

"라훌라를 출가시켜 네가 지도하여라."

이로써 라훌라가 첫 사미가 된 것이다. 20세가 되어야 정식수행을 할 수 있기에 사리불에게 부탁하여 그때까지 지도하도록 하신것이다. 정반왕은 아들에 이어 손자까지 출가시켰다는 말을 듣고큰 충격을 받았다. 정반왕은 부처님에게

"이후로는 어린 사람은 부모의 허락 없이는 출가시키지 말라."

고 부탁하였다. 그러면서도 정반왕은 부처를 이룬 태자를 돕기 위하여 나라 안에 공포하였다.

"석씨족은 아들을 다섯을 두었으면 3명을 출가시키고, 넷이나
셋을 두었으면 2명을 출가시키고, 두 명을 두었으면 1명을 출가
시키도록 하라."

왕명에 따라 석씨 청년 500여 명이 출가하였다. 왕위계승자인난타가 출가하고 다음 계승자인 라훌라마저 출가하였으니, 이제 이나라는 누가 다스리겠는가? 정반왕은 아들이 부처님 된 것은 좋은 일이지만 가문이 모두 출가함으로써 왕위계승까지 어렵게 된 것에는 무엇이라고 말할 수 없는 비애를 느껴 사촌 동생인 바드리카

에게 왕위를 물려주고 뒤로 물러앉았다. 이때 부처님은 기원정사에서 나와 말라족의 아누피아 마을에 머물고 있었다.

부처님의 사촌 중에 마하남이 출가하려고 동생 아나율에게 집 안일을 맡기기로 하였다. 아나율은 농사짓고 부모님 모시는 것이 출가보다 어렵다는 것을 알고 자기가 출가하고 형이 부모를 모시도록 권하였다. 농사짓는 일을 형에게 맡긴 아나율은 어머님께 출가의 뜻을 밝혔다. 어머니는 출가시킬 마음이 없었다. 아나율은 3번이나 간청하였다. 어머니는 석종의 왕인 바드리카는 출가하지 않을 것이라는 생각으로 이렇게 말하였다.

"바드리카가 출가한다면 너도 출가해라."

아나율과 바드리카는 친구사이다. 아나율은 바드리카를 찾아가 출가할 것을 말하였다. 바드리카는

"이 일[국가 통치]을 마무리하고 출가한다. 그러려면 7년 뒤에 하게 될 것이니 기다려라."

아나율은 다시 재촉하였다. 바드리카는 정리하고 3년 뒤에 출가한다. 아나율은 바드리카가 1년 뒤, 6개월 뒤, 1개월 뒤에 한다는 것을 계속 거절하면서 빨리하라고 재촉하였다. 바드리카는 7일 후에 출가하겠다고 약속하였다. 바드리카는 아나율과의 약속대로 왕

위에 오른 7일만에 왕위를 다시 정반왕에게 돌려주었다. 이로써 아나율, 바드리카, 바구, 킹비라, 아난다, 제바달다, 난디카 등 7명은 부처님을 찾아가 출가하고자 하였다.

이때 석씨족의 이발사 우바리優婆離가 함께 따라왔다. 출가자들은 모든 장신구를 우바리에게 주었다. 우바리는 자기도 출가할 뜻을 생각하고, 받은 장신구는 누구든지 가지고 가라고 나뭇가지에 메어 두고 함께 부처님께 갔다. 일행은 우바리와 함께 출가하기로 하고 부처님께 우바리를 먼저 출가시켜줄 것을 청하였다. 그래야 우리들이 우바리를 선배로 받들 수 있기 때문임을 밝혔다.

이 자리에서 제바달다와 아난다는 출가를 허락받지 못하여 히말라야로 들어가 발야슬타승가跋耶瑟咤僧伽의 제자가 되어 수행하였다. 이것이 제바달다가 부처님으로부터 반기를 들게 되는 첫째 인이 된 것이다.

카필라 성터

● 카필라성의 멸망

카필라성은 코살라국의 유리왕에 의하여 망하게 된다. 그 내력은 다음과 같다.

　　강한 코살라 파사익 왕이 카필라성과의 정략결혼에서 공주를 보내 줄 것을 청하였다. 카필라성에서는 코살라국은 좋은 사람들이 아님을 알고 거절하고 싶지만, 강한 군사력으로 침략할 것을 염려하여 석씨 마하아남과 하녀의 사이에 태어난 딸을 파사바를 공주로 분장하여 시집보냈다. 파사익 왕과 파사바공주 사이에 유리태자가 태어났다. 장성한 유리태자는 외가 카필라성의 축제일에 친선사절단으로 오게 되었다. 유리태자를 카필라성에서 하녀의 출신이라 윗자리에 앉히지도 않고 천하게 대우하였다. 이곳에서 유리태자는 자기의 어머니가 카필라국의 하녀임을 알고 이때부터 복수심으로 석가족을 없애기로 마음먹었다. 유리왕자는 파사익 왕과 왕비가 지방을 순시하는 사이에 왕위를 찬탈하였다. 파사익 왕은 도망하여 마가다국 아사세왕의 도움을 청하러 갔었다. 그러나 왕사성 성문 밖에서 병사하였다. 유리왕은 군사를 동원하여 카필라성을 침략하였다. 부처님은 유리왕이 가는 길목 고목 나무 아래 앉아계셨다. 유리왕은 부처님께 예를 올리면서 이렇게 물었다.

> **"부처님이 근처에 가지가 많고 잎이 무성한 나무도 많은데**
> **왜 하필 이런 나무 아래 계십니까?"**

부처님은 말씀하셨다.

> **"대왕이여! 친척의 그늘이 이와 같습니다."**

유리왕은 부처님의 뜻을 알고 군사를 거두어 돌아갔다. 얼마가 지난 뒤 다시 군사를 동원하여 카필라성을 침략하고자 가는 중에 지난번과 꼭 같이 부처님이 고목 나무 아래 앉아 계셨다. 다시 돌아갔다. 이렇게 3번을 거듭하였다. 다시 군사를 동원하여 카필라성으로 가는데 이때 부처님은 계시지 않았다. 유리왕은 카필라성을 침략하여 석가족을 모두 살상하려 하였다. 그때 외할아버지인 마하아남이 왕에게 간청하였다.

> **"대왕이시여! 내가 물속에 들어가 다시 물 위로 떠 오를 때까지**
> **만이라도 석가족이 피난하도록 해주십시오."**

왕은 그 요청을 받아들였다. 한참이 되어도 물 위로 뜨지 않았다. 마하아남은 물속에 들어가 머리카락을 풀어 나무뿌리에 묶고 죽었다. 그러나 석가족은 자기만 살겠다고 도망하지 않고 죽었다. 유리왕은 카필라성을 정복하고 돌아와 배다른 형제 기타 태자를 죽인다. 유리왕 자신은 1주일 만에 천재지변으로 강물에 휩쓸러 죽었다.

카필라성에서 살아남은 소수의 석가족은 히말라야 아래로 이주하여 마을을 형성하여 살았다. 석가족은 드라비다계인지, 몽고계인지? 티베트계인지 분명하지 않다. 아리안족이 아닌 것만은 확실하다.

현재 카트만두에 살고 있는 석가족은 그때의 후손일지도 모른다. 옛 전통을 지키면서 살아가고 있다. 풍요로운 삶을 얻기 위하여 땅을 상징하는 여신으로 '쿠마리'를 섬긴다. 쿠마리 여신은 5~7세 석가족 여자아이 중에서 선택하여 모시고 있다. 여신이 여성으로서 성숙해지면 또 다른 여신을 선발한다. 그리고 한번 여신이 된 여인은 평생을 혼자 살아야 한다. 석가족 여인은 결혼하기 전에 먼저 '밸'이라는 나무와 결혼한다. 남편이 죽으면 애통하게 생각하지 않지만, 밸 나무의 열매가 깨지면 애통하게 생각하는 풍습이 있다. 그리고 남자들은 재혼할 수 있지만, 여인은 재혼하지 못한다.

현재의 석가족이 가장 영광스럽게 생각하는 삶은 불상을 만들거나 불탑을 조성하거나 불교와 관련한 일을 하는 것을 가장 영광스러운 일로 생각하고 최선을 다하면서 살고 있다. 룸비니에서 카필라성으로 가는 길, 10개의 사리탑 중에 아소카왕이 열지 못한 근본사리 대탑 터[Ramglam]와 카필라성 동문에 정반왕의 무덤이 있다.

카필라성은 멸망하고 무심히 남은 성터에는
나무들이 세월의 흔적을 지키고 있다.

●

석가족의 과거 인연설

아름답고 장엄한 기원정사는 기쁨과 슬픔이 교차하는 곳이다. 부처님께서 기원정사에 머무르면서 외도들과 긴 투쟁을 하던 중에 카필라성의 멸망을 보았다. 카필라성이 유리왕에 의하여 사라지게 된다. 부처님은 3번이나 유리왕과 병사가 지나가는 길목, 고목나무 아래에서 무언의 만류를 하였으나 숙세의 업연으로 아버지의 나라 카필라성이 함락되면서 많은 석씨족들이 죽임을 당하였다. 이 모든 것이 모두 전생의 인과로 일어나는 것을 알았기에 출가한 후 15년 만에 부왕인 정반왕을 찾아뵙고 그 자리에서 아들인 라훌라를 출가시키고, 왕위계승자인 동생 아난다를 출가시키고, 500명의 석가족 청년을 출가시켜 장차 다가올 살상의 재난을 면하게 하였다.

카필라성이 무너지고 석씨 집안이 뿔뿔이 헤어지는 것을 보고, 공空의 진리를 다시 한번 생각한다. 사람뿐 아니라 모든 만물도 인연에 의하여 왔다가 인연에 의하여 사라질 뿐이다. 부처님은 제자들에게 카필라성이 폐망하게 되는 인因에 대하여 다음과 같이 말씀하셨다.

부처를 이룬 나 자신도 출생한 나라가 사라지는 것을 막지 못한 것은 모두 인과법칙에 의한 것이기 때문이다. 옛날 라자그리가 하에 한 어촌이 있었다. 어느 해에 흉년이 들어 사람들은 풀뿌리를 먹으면서 연명하였다. 그곳에는 큰 연못이 있었다. 사람들은 연못의 고기를 잡아먹고 살았다. 그 연못에는 구소拘璅와 양설兩舌의 두 종류의 물고기가 있었다. 그 물고기는

> "우리는 잘못이 없다. 흉년이 들은 것은 땅의 허물이다. 땅
> 에 살지 않았는데, 우리를 마구 잡아먹으니 장차 우리가
> 복을 지으면 원수를 갚자."

하며 서원하였다. 이때 어촌에 여덟 살 된 아이가 있었다. 그는 물고기를 잡지도 않고, 물고기를 죽이지도 않았다. 그는 다만 언덕 위에서 물고기를 잡고 죽이는 것을 보고 재미있어하였다. 그때 어촌 사람들은 지금의 석가족이며, '구소'라는 물고기는 지금의 유리왕위두다바이며, 그때 어린아이는 바로 석가모니불 자신이었다. 고기를 잡고 죽이는 것을 보고 재미있어하는 마음 때문에 그것이 업業이 되어 비록 위 없는 보리를 이루었으나 오히려 두통의 괴로움을 받았느니라.

밀행제일 라훌라

라훌라Rāhula는 부처님의 아들이다. 출가하여 아라한이 되었으며 십대제자 중에 밀행제일密行第一이다.

과거불도 모두 아들이 있었다. 비바시불은 아들이 방응이요. 비사부불의 아들은 묘각이며, 구류손불의 아들은 상승이요, 구나함모니불의 아들은 도사며, 가섭불의 아들은 군집이다.

라훌라는 15세에 출가하여 사미승으로서 사리불의 지도를 받으면서 수행하였다. 어린아이는 하루 한 끼를 먹고는 성장에 지장이 있다고 생각하여 아침에 발우를 들고 마을로 가기 전에 어제의 음식으로 죽을 끓여 라훌라를 먹게 하였다고도 한다. 이것이 법이 되어 중국 선종에서는 아침에 죽을 먹고 오시午時에 밥을 먹었다고 한다.

라훌라는 어릴 때 말썽꾸러기였다. 웃기기도 잘하고 거짓말도 잘하였다. 부처님을 찾아온 사람이 부처님 계신 곳을 물어보면 라훌라는 부처님이 기사굴산에 계시면 죽림정사에 계신다고 하고, 죽림정사에 계시면 영축산에 계신다는 식으로 거짓말을 했다. 부처님은 조용하게 라훌라에게 스스로 잘못을 알게 하면서 엄격한 계율로 다스려 습관을 고쳤다. 라훌라는 그 뒤 부처님으로부터 남몰래 가르침을 받아 계행을 지키면서 수행하였다 하여 '밀행제일'이라 한 것이다.

밀행제일에는 또 하나의 의미가 있다. 라훌라는 부처님의 아들이면서 비로자나불의 화현신이기도 하다. 비로자나불의 법을 석가모니불은 라훌라에게 전수하여 깨달음을 얻었기에 법신의 비밀법을 계승한 유일한 제자이다. 훗날 사자국에서 일어난 밀교가 남인도 나가르주나에서 정리되고 나란다대학에서 전수하는 밑거름이 라훌라의 밀교 수행법에서 비롯된 것이다.

라훌라가 아닌 다른 제자가 밀법을 받았다면 그것은 불교 내에 있는 밀교가 아닌 다른 종교였을 것이다. 인도교에서 아리안의 침범으로 바라문교가 일어나고, 싯다르타의 깨달음으로 불교가 터를 잡듯이, 라훌라에 의하여 새로운 이름의 종교가 생겼을 것이다. 석가모니불의 아들이기에 같은 불교권에서 훗날 자연스럽게 밀교로 형성할 수 있었다.

부처님 열반 이후 불교가 석씨 집안 종교가 아닌 대중적 종교로 발전하게 된 것은 첫째, 마하가섭의 삼처전심과 둘째, 부처님 동생 아난다가 아라한을 얻지 못하고 열반 후 결집과정에서 아라한이 되면서 가섭존자의 제자가 된 것. 셋째, 라훌라의 밀법 전수이다. 모두 같은 맥락에서 이루어진 부처님의 배려이다. 아난다가 지혜롭지 못하고 수행할 줄 몰라서 25년간 부처님을 받들면서 45년의 말씀을 외울 수 있겠는가? 법을 듣는 가운데 많은 사람이 아라한과를 얻어 마음의 해탈하는 것을 보았을 것이다. 그런데 왜 아난다는 아라한이 되지 못하였을까? 부처님의 동생 아난다의 다문제일과 부처님의 아들 라훌라의 밀행제일과 마하가섭의 두타제일이 된 것에 대하여는 다시 한번 생각해 보아야 할 부분이다.

●

무불상無佛像 시대

부처님은 기원정사에 머무는 가운데 어느 날 어머님 생각에 천상세계로 전법의 길을 떠났다. 도리천 환희원에 환생한 어머니 마야부인을 위하여 설법의 길을 떠난 것이다. 부처님은 도리천에서 야마천으로, 야마천에서 도솔천으로, 도솔천에서 타화자재천으로, 다시 도리천에서 법을 설하셨다. 이로써 3개월간 이 땅에는 부처님이 계시지 않았다.

부처님이 계시지 않은 3개월간 아난다는 부처님을 생각하면서 보드가야 대보리사의 보리수를 이곳으로 이식시켜 부처님을 대하듯 목건련, 사리불과 함께 아침저녁으로 예를 올리기도 하였다.

사위성 파사익 왕과 발사국 카우삼비성의 우전왕이 부처님 등상불을 조성하여 공양하였다. 우전왕은 부처님을 뵙고자 하는 마음이 간절하여 병까지 생겨 신하들이 이를 보고 우두 전단으로 5척 크기의 불상을 조성하여 아침저녁으로 향과 꽃을 공양하면서 예배하여 몸이 완쾌하였다.

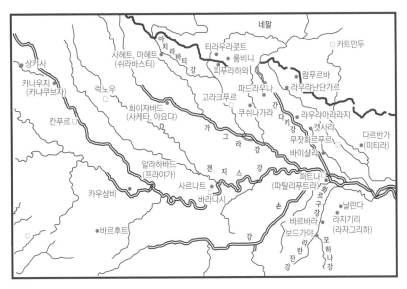

동인도 요충도

파사익 왕도 우전왕이 불상을 조성했다는 소식을 듣고 자마순금으로 5척의 불상을 조성하여 공양 예배하였다.

우전왕은 14세 때 부처님에게 불상佛像 조성 공덕을 물었을 때 부처님은 이와 같이 말씀하셨다.

"미래에 누구든지 금 은 동 철 토목 옥석 등으로 불상을 조성하거나 그림으로 그리면, 크고 작음을 상관없이 삼악도에 떨어지지 않고 승묘락을 받게 될 것이니라."

부처님이 도리천에서 내려오실 때는 사위성 서쪽에 있는 상카시아桑迦尸 = Samkāśya국 곡녀성曲女城으로 내려오셨다. 곡녀성은 현재 부처님 팔대영탑八大靈塔 가운데 하나가 있는 성지이다.

246

부처님이 천상에서 오신 후에 수달타 장자가 기원정사에 불상을 조성하겠다고 간청하였으나 허락하시지 않고 다만 보살상을 조성하는 것을 허락하였다. 부처님 당시 보살상 조성을 허락함은 비로자나불의 만다라 세계를 알게 하는 하나의 방편이었다.

부처님 계실 때, 대보리사의 보리수를 부처님과 같이 생각하고 예배 공양하였다. 열반 후에는 부처님의 족적足跡·법륜·사리·스투파를 부처님으로 공경하며 향과 꽃을 공양하였다. 지금도 스리랑카는 모든 사원이 보리수를 중심으로 참배하고 있다. 스리랑카 최대성지가 아소카왕으로부터 전해진 보리수가 있는 아누라다푸라 사원과 부처님 치아사리齒牙舍利를 모신 캔디의 불치사이다. 열반하신 이후에도 한동안 불상을 조성하지 않았다. 그것은 32상의 거룩한 분의 모습을 조성한다는 것은 불경不敬이라고 생각하였기 때문이다. 실지로 불상이 조성되는 것은 B.C.3~2세기이다.

●
설화의 땅 상캬시아

도솔천, 야마천, 타화자재천, 도리천에서 3개월간 마야 어머니에게 비로자나불의 화엄세계를 설하였다. 천상 전법이 끝내고 도리천에서 사바세계로 내려오셨다. 그 장소가 사위국가 거리가 먼 서북인도 갈야구자국羯若鞠闍國의 상캬시아Saṃkāśya성이다. 이 성을 곡녀성曲女城이라고도 한다.

　　이 이름이 붙게 된 내력은 옛날에 범수梵授 왕에게 아름답고 건장한 아들 1,000명과 공주 100명이 있었다. 한 선인이 강변에서 수만 년을 선정에 들었다 깨어났다. 형상이 고목과 같았다. 새가 어깨에 씨앗을 떨어뜨려 나무가 자라고, 새들이 그 나무에 집을 짓고 살았다. 선인은 새집이 무너질까 그대로 있었다. 그러던 어느 날 우연히 강변에 놀고 있는 공주들을 보았다. 애욕을 느껴 왕에게 공주를 달라고 청하였다. 왕은 마음이 내키지 않았다. 그러나 선인이 두려워 주저한 왕은 누가 갈 것인지를 100명의 공주들에게 물었다. 아무도 승낙하지 않는 중에 막내 공주가 자청하여 선인에게로 가겠다 하였다. 선인은 막내 공주를 보고 제일 못난 사람을 보냈다고 생각했다. 화가 난 선인은 나머지 99명의 공주를 곱사등으로 만들고, 얼굴도 삐뚤어지게 만들어 아무에게도 시집가지 못한채 평생 혼자 살도록 만들었다. 이때부터 이 성을 곡녀성曲女城이라 하였다. 이곳은 부처님 천상에서 다시 인간계로 내려오므로 룸비니처럼 출생의 의미를 지닌 성지가 된 것이다. 이곳에는 부처님 사리를 8등분한 것 가운데 한 등분의 스투파가 있는 제8영탑지이다.

왜 부처님은 사위성에서 도리천으로 가셨다가 내려오실 때는 상캬시아를 택하였을까? 이것은 힌두사상을 흡수하고 항복시키고자 방편으로 신통을 보이신 법문이다. 상캬시아는 힌두 사상가들과 끝없는 논쟁을 일으킨 도시 중 하나이다. 힌두사상인 천상에 태어나는 것을 최상으로 생각하는 교리를 파하기 위하여 상카시아를 택한 것이다. 보드가야에서 3가섭을 제도하여 부처님의 사상을 튼튼하게 하였지만, 인도 선주민의 고유사상인 3불三佛 인연설을 뒤엎고 1000년을 내려오는 힌두사상을 하루아침에 꺾을 수는 없었다. 왕사성을 제압하고 사위성을 제압하고 바라나시와 바이샤리를 제압하였다. 다시 육파철학의 하나인 수론파數論派를 제도하기 위하여 수론파의 본거지인 상캬시아로 하강하신 것이다.

불교에서 믿음을 가진 사람이라면 반드시 순례해야 할 곳이 있다. 탄생지 룸비니, 성도지 보드가야의 대보리사, 초전법륜지 바라나시의 녹야원, 열반지 쿠시나가라이다. 4대 성지 다음으로 부처님의 일생과 관련된 8대 성지가 있다. 부처님이 주로 활동하던 곳으로 《법화경》 설법지 영축산과 죽림정사 있는 왕사성, 《금강경》 설법지 기원정사와 사위성, 사부대중의 성립처 바이샤리의 대림정사, 설화의 땅 상카시아가 8대 성지에 속한다. 그 외에도 많은 부처님의 유적지가 있다. 나란다대학은 불교의 방향을 학문적으로 정리한 곳으로 유명하다. 청정한 마음으로 성지를 순례하면 첫째로 천상에 태어나는 공덕을 얻게 될 것이다.

부처님은 보드가야 보리수 아래에서 《화엄경》을 설하시고, 왕사성 영취산정에서 《법화경》을 설하시고, 사위성 기원정사에서 《금강경》을 설하였다. 《화엄경》은 깨달음의 경지에서 비로자나불로부터 자내증自內證으로 화엄삼매에서 삼칠일간 자수법락 하신 경전이요, 《법화경》은 중생 세계를 7유七喩로 보이시면서 수행자들에게 장차 부처가 되리라는 수기를 주신 경전이며, 《금강경》은 공의 사상을 중심으로 설한 경전이다. 중국 선종을 크게 일으킨 혜능선사도 《금강경》의 '응무소주이생기심應無所住而生其心'의 구절에 마음이 끌려 출가하여 홍인스님으로부터 《금강경》 가르침과 함께 부처님의 가사와 발우를 전해 받았다. 진각성존도 《금강경》의 공사상空思想인 무상불無相佛을 깨달아 불상 없이 육자진언六字眞言을 수행본존修行本尊으로 종문을 열고 교화하였다.

●
세 번의 출생, 세 번의 출가

출가出家는 집을 나가는 것이다. 집을 나가는 이유는 작은 곳에서 큰 곳으로, 좁은 곳에서 넓은 곳으로, 어두운 곳에서 밝은 곳으로, 작은 꿈에서 큰 꿈으로, 아는 사람보다 모르는 사람들을 만나기 위하여, 묶인 것으로부터 풀려나기 위하여 출가하는 것이다. 무엇보다 넓고, 무엇보다 크고, 무엇보다 많고, 무엇보다 밝고, 무엇보다 좋은 것을 얻으려는 마음으로 집을 나서는 것이다. 수행자는 차안에서 피안의 세계로 향하는 출가가 되어야 한다. 일체중생을 위하는 진리의 길로 나아가는 마음이 없다면 옳은 출가가 아니다. 나만을 위한다면 굳이 출가할 필요가 없다.

만일 출가를 집을 버린다는 단순한 의미로만 생각하여 자신만을 위해 출가한다면 이것은 소극적인 출가이다. 부모를 버린다는 것은 진정으로 부모를 버리는 것이 아닌 일체중생을 부모같이 생각하기 위함이요, 자식을 버린다는 것은 일체중생을 자식처럼 생각하고자 하는 것이며, 명예를 버리는 것은 일체중생들의 명예를 존중하기 위함이요, 재산을 버린다는 것은 일체중생들의 살림살이를 생각한다는 의미이다. 모든 것이 나의 소유라는 집착에서 벗어나 일체중생들의 소유라는 생각을 가질 때 진정한 출가가 되는 것이다.

몸의 출가가 아닌 마음의 출가로 내가 태어난 작은 집을 나와 사회라는 큰 집, 불교라는 큰 집으로 들어가는 것이다.

석가모니불은 현생에 세 번의 출생을 경험하였다. 룸비니에서 싯다르타 태자로 출생하고, 보드가야에서 부처로 출생하며, 바라나시로 출발하면서 다시 보살로 출생한다. 보살의 출생은 현실 속에서 중생 근기에 맞는 법을 설하기 위한 출생이다. 보살의 출생에서 다시 두 번의 출생이 있다. 첫 번째는 도리천에서 상캬시아 곡녀성에 내려온 것이요, 두 번째 쿠시나가라에서 열반을 보이신 법신 출생이다. 법신 출생은 환지본처還地本處의 출생으로 정법正法의 출생, 상법像法의 출생 말법末法의 출생으로 끝없이 이어지는 출생이다. 출생은 출가와 같은 법으로 이어진다. 출생은 해탈과 열반으로 향하는 것이요, 출가는 성불의 길로 향하는 것이다. 그러므로 출가는 아무나 할 수 있는 것이 아니라, 성취할 수 있는 자격이 갖추어졌을 때 진정한 출가가 되는 것이다.

싯다르타 태자가 카필라성 밖으로 나오는 것이 첫 번째 출가요, 보드가야 숲으로 들어가는 것이 두 번째 출가며, 보리수 아래에서 깨달음을 얻은 후 7·7일 선정에 들어가는 모습이 세 번째 출가이다. 부처님의 세 번째 출가는 중생을 제도하기 위함이다. 부처로서는 중생을 제도하지 못한다. 재가자에게는 재가자가 되어 교화하고 출가자에게는 출가자가 되어야 교화할 수 있다. 제자들이 출가의 모습으로 수행하듯 부처님도 출가의 모습으로 전법 하시는 것이다. 출가는 성취의 길로 나아가는 것이므로 세 번의 출가는 세 번의 성취를 이루게 되는 것이다. 첫 번째는 카필라성에서 태자로서 갖추어야 할 학문과 무예를 원만하게 성취한 연후에 출가하였다. 이것이 첫 번째 출가할 수 있는 자격인 해탈성취. 두 번째는 설산과 정각산에서 온갖 수행이 원만하게 갖춘 연후에 보드가야 보리수로 향하는 출가이다. 이것이 두 번째 출가할 수 있는 자격인 열반성취요. 세 번째는 부처를 이룬 뒤 인연 있는 자의 교화를 마치고 쿠시나가라에서 열반하는 출가이다. 이것이 세 번째 비로자나불로 돌아갈 수 있는 자격인 법신성취로 화신으로 세상에 왔다가 8만4천 방편의 법을 남기고 법신의 세상으로 돌아간 최후의 출가였다. 본래 오고 감이 없고, 재가출가가 없으며, 해탈도 열반도 없으며, 중생과 부처의 구별이 없는데, 무엇으로 신출가身出家를 하고 심출가心出家를 논하겠는가? 부처님은 중생을 위하여 방편으로 출생과 출가와 해탈과 열반과 성불의 모습을 보이신 것뿐이다.

화신 석가모니부처님이시여!
그 옛날 인도에 번창하던 불법은 지금 어디에 있습니까?
룸비니는 타르초만이 바람에 출렁이고,
스님 한 분이 외로이 기원정사의 빈터 나무 그늘에서 좌정하고
기타 태자의 농 한마디를
진실로 받아들인 수달타 장자의 불심,
살인마 앙굴마라를 제도하신 부처님.
그 시대는 다시옵니까?
중생이 없으면 부처도 없다 하신 말씀을
다시 마음에 새겨봅니다.

비로자나불의 화현인 부처님이시여!
붉은 벽돌 잔해를 밟으면서

가슴 깊이 새겨지는 룸비니와 기원정사.

죽림의 나무 그늘

독수리와 나란히 앉으신 모습.

잠을 이룰 수가 없이

샘물이 솟아나듯이

생각하고 생각하면서 돌아보는 부처님의 발자취여!

처음도 좋고 중간도 좋고 끝도 좋은 일음—音의 법을,

이제 어디에서 다시 들을 수 있사오리까?

부처님이시여!

룸비니여!

기원정사!

그리고 마하마야여!

"자비한 가르침에 머리 숙여 합장합니다."

인간, 석가모니불을 만나다

VI
바이샤리에서 유마힐을 만나다

바이샤리는 북인도 교통·문화·경제의 중심지, 인도 최초로 민주공화제 실시한 릿차비 공화국의 수도. 기생 암라팔리가 희사한 암라수원, 원숭이가 판 연못, 원형이 그대로 보존된 아소카왕의 돌기둥(石柱),《화엄경》의 입법계품 설법지 대림정사 중각 강당, 석가모니불의 사리를 모신 근본8탑 있다. 비구니 승단이 형성된 곳, 2차 결집처 유마힐과 문수의 불이법문(不二法門). 석가모니불은 3개월 뒤 열반을 예언하고 길을 떠났다.

●

바이샤리
"거룩한 부처님께 귀명歸命합니다."

바이샤리는 부처님의 출생지와 성도지의 중간 위치에 있는 도시이다. 고대 인도사에서는 크게 두각을 나타낸 곳이 아니다. 최초의 공화국으로 기록된 것은 릿차비 족의 수도였다는 것이다.

　　인도 바이샤리의 농촌, 허허로운 벌판, 평화로운 마을, 글을 배우지도 않고 농사만 짓고 생활하여도 불편함이 없다. 들판에는 온 가족이 모두 일하며 개도 소도 돼지도 닭도 모두 자유롭게 살아가는 평화로운 마을들이다. 소들도 낮에는 돌아다니면서 먹이를 먹다가 저녁이면 집으로 돌아와 잠잔다. 집착할 것도 없는 사람, 넉넉한 벌판에 가득했던 곡식들 무엇이 부족하겠는가? 문명의 발달이 오히려 괴로움을 가져다주는 원인이 될 것 같은 마을이다. 이곳의 아름다움이 천국의 아름다움과 같을 것이 아닌가 생각해 본다. 인도 자체가 지구상의 낙원처럼 멋진 만물 공원이다. 바이샤리도 그 중 하나이다. 정원과 연못, 전망대와 세 겹으로 둘러싸여 있는 성벽이 모든 것을 말해주고 있다.

부처님이 좋아했던 도시 중 하나가 바이샤리이다. 부처님이 태자 신분으로 카필라성을 나와 출가하여 선지식을 찾던 중 바이샤리에서 고행주의자 아라다 카르마跋伽婆선인을 만났다. 부처님은 죽림정사에 계셨다.

성불 후 5년이 되었을 때, 바이샤리에 극심한 가뭄으로 질병이 생겨 죽는 사람들이 늘어났다. 이 모든 것은 아귀의 소행이라고 믿으면서 바라문교의 법에 따라 신들에게 제사를 지냈으나 아무런 효험이 없었다. 자이나교를 위시하여 6개의 신흥종교의 성자들을 초청하여 온갖 방법을 사용하였으나 가뭄과 질병은 계속되었다. 고통받던 바이샤리 사람들은 회의에서 릿차비 족의 마하아리를 대표로 뽑아 마가다국의 빔비사라 왕에게 부처님을 모실 수 있도록 청원하였다.

부처님은 빔비사라 왕의 부탁으로 바이샤리로 가기로 하였다. 빔비사라 왕은 부처님과 일행 500명이 무사히 갠지스강을 건널 수 있도록 동행하였다. 5일 만에 갠지스강에 도착하니 건너편에 바이샤리 사람들이 기다리고 있었다. 부처님이 갠지스강을 건너자 하늘이 열리며 큰비가 쏟아졌다. 부처님은 7일간 발우를 들고《보경寶經》을 설하면서 바이샤리 시내를 매일같이 다니면서 청정의식을 행하였다. 법신불의 가지방편加持方便인 '도량청정무하예道場淸淨無瑕穢 삼보천용강차지三寶天龍降此地 아금지송묘진언我今持誦妙眞言 원사자비밀가호願賜慈悲密加護'법을 몸소 보여주신 것이다.

청정의식 7일 만에 바이샤리는 가뭄으로 인한 질병이 완전하게 사라져 예전과 같은 살기 좋은 도시로 변하였다. 부처님은 처음으로 이곳에서 녹야원이나 죽림정사에서의 전법 방식이 아닌 대중적 종교의식을 행하신 것이다. 그 뒤로 이곳 사람들은 부처님을 믿고 따르며 불교에 귀의하였다.

부처님이 바이샤리를 방문한 것은 참으로 중요한 사건이다. 많은 종교 성자들이 행하지 못한 것을 부처님은 행하였다. 바이샤리 마을을 돌면서 행한 관정의식은 법신 비로자나불의 원력을 받은 의식이었다. 이 관정의식이 서양종교에도 전파되었음을 짐작할 수 있는 부분이 있다. 예배당을 청정하게 하거나, 왕위계승식이나 성자 품수를 할 때 장소를 청정하게 하는 성수 관정의식은 이때의 모습에서 비롯되었다 하여도 틀린 말은 아닐 것이다. 이러한 일은 모두 릿차비 족의 조직적 움직임으로 이루어진 것이다. 부처님은 릿차비 족의 조직적 움직임을 찬탄하면서 그 법을 교단운영에 반영하기도 하였다.

부처님으로부터 큰 은혜를 입은 이곳 부족들은 지극정성으로 공경 공양하며 받들었다. 훗날 부처님이 열반 여행길에 이곳을 지날 때도 끝까지 전송하려 하였다. 부처님은 그들의 성의에 감사하게 생각하며 강물을 흐르게 하여 따라오지 못하게 하면서 그 마음에 보답하기 위하여 발우를 주기도 하였다.

이곳은 자이나교勝者의 성지이기도 하여 지금도 자이나교의 사원과 연구소가 있다. 자이나교도 깨달은 자를 '아라한'이라 하였으며, 교단 자체도 '아라한교'라 하여 불교와 비슷한 부분이 많다.

부처님은 바이샤리에서 재난을 물리치고 다시 마가다국으로 향하였다. 부처님이 떠나가자 바이샤리사람들은 마하아바나大林精舍를 비롯하여 몇 개의 정사精舍를 세워 부처님께 공양할 준비를 하였다.

대림정사

중각강당重閣講堂이 있는 대림정사大林精舍는 암라팔리 여인이 보시한 정사이다. 당시 바이샤리에는 암라팔리라는 아름다운 여인이 사교계의 여왕으로 군림하고 있었다. '암라'는 망고를 뜻하는 것이며, 암라팔리는 '망고나무 아래서 주운 아이'라는 뜻이다. 망고나무 아래 버려진 아이를 어느 부잣집의 망고 동산지기가 데려다 키웠는데, 아이가 자라면서 아름다운 여인이 되었다. 빼어난 미모 때문에 서로 결혼하고자 하여 주변 나라에서 전쟁까지 일어날 상황이 되었다. 이에 나라에서는 해결책으로 그녀를 기생으로 만들었다.

　기생이 되어 많은 재산을 모은 암라팔리는 부처님의 설법을 듣고 귀의하여 자신이 소유였던 망고 동산에 정사를 세워 보시하고 본인은 출가하여 여승이 되었다. 이 정사를 암라수원菴羅樹園이라고도 한다. 부처님은 암라수원 안에 있는 대림 정사에서 대승불교의 경전《화엄경》을 설하였다. 보드가야에서 깨달음을 얻고 보림保任 기간 가운데 3·7일간 삼매에서 설하던《화엄경》을 이곳 중각강당에

대림정사 원숭이 연못

서도 설하셨다.

암라수원 내에 있는 원숭이 연못Ramakund은 부처님이 목욕할 수 있도록 원숭이 떼가 직접 판 연못이라 한다. 어느 날 부처님이 제자들의 발우 사이에 자기 발우를 놓아두었다. 그러자 원숭이가 다가와 수많은 발우 가운데 부처님 발우를 골라내어 근처 나무에 올라가 꿀을 따서 발우에 담아 공양을 올렸다. 이 원왕봉밀猿王奉蜜 설화는 인도의 불교 미술 작품에 자주 나타난다. 현재 원숭이 연못 속에는 7m 되는 아소카왕이 세운 석주의 그림자가 고스란히 투영되어 나타난다.

당시 상업이 발달한 바이샤리는 살기가 넉넉하여 부처님과 제자들이 집집마다 다니면서 탁발을 하지 않아도 되는 상황이었다. 수행자는 특정한 곳에 발우를 놓아두면 신도들이 음식을 가져와 담아두곤 했다. 부처님은 이곳에서 원숭이에게 꿀을 공양받고, 마지막 우안거雨安居를 보냈다. 안거를 보내는 중에 카필라성과 코올리아 성에서 로히니강 물을 놓고 싸움이 일어났다. 가뭄으로 농사지을 물이 부족하여 서로 자기 논에 물을 가져가려 하다가 싸움이 생긴 것이다. 물싸움은 나라 싸움으로까지 이르게 되었다. 부처님은 싸움 소식을 듣고 그곳으로 나아가

"물보다는 사람의 목숨이 중요하다. 원한은 탐욕에서 비롯된 것이며 결국 괴로움을 낳게 되는 것이다."

라고 법을 설하여 두 나라의 물싸움을 진정시켰다. 싸움의 발단은 물을 차지하려는 마음에서 서로서로 상대방을 비방하는 말에 의하여 일어나게 된 것이다. 비방하는 말 가운데 코올리아 족은 카필라성 사람들에게 '누이와 동생과 동침하는 자식'이라 허물을 보고, 카필라성 사람은 코올리아 족에게 '대추나무에 둥지치고 사는 문둥이 자손'이라 허물을 본 것이다. 물 문제로 일어난 싸움이 조상들의 뿌리까지 허물 보는데 이르렀다. 아주 작은 것에서 시작하여 뿌리까지 말하는 것 때문에 한사람이 두 사람 되고, 두 사람이 마을 사람이 되고, 마을 사람이 나라 사람이 되어 싸운 것이다. 두 나라 사람들은 부처님의 말씀을 듣고 싸움의 원인을 알고 난 다음 서로 부끄러워하였다. 그리고 각각의 나라에서 청년 250명을 뽑아 부처님에게 보내어 출가시켰다. 비방을 받게 된 코올리아 족의 유래는 다음과 같다.

> 옛날 바라나시 왕, 라마아가 문둥병에 걸렸다. 태자에게 왕위를 물려주고 산에 들어가 나뭇잎과 과일을 먹으면서 병이 완쾌되었다. 그때 먹은 과일이 대추나무 열매였다. 웃카라 왕의 공주도 문둥병에 걸려 이 숲으로 들어와 나뭇잎과 열매를 먹고 병이 완쾌되었다. 두 사람은 부부가 되어 숲속에서 새로운 삶을 살면서 왕국을 세웠다. 이 왕국이 코올리아 왕국이다. 코올리아란 대추나무에 사는 동물이라는 뜻이다.

● 비구니 승단 성립

부처님은 카필라성의 정반왕이 열반할 때가 되어 출가한 아들 손자 조카를 보고 싶어 한다는 것을 알고, 권속을 거느리고 대림정사를 떠나 카필라성으로 들어갔다. 부처님을 만난 정반왕은 법을 듣고 편안하게 열반하였다.

　　정반왕의 장례를 치른 다음 카필라성 밖의 니그로다 동산에 머무르고 있을 때, 이모이자 양육의 어머니 마하파사파제 왕비가 찾아와 출가를 간청하였다. 당시에는 여성 출가자가 없었으므로 교단의 질서를 어지럽힐까 걱정이 된 부처님은 거듭된 청을 뿌리치고 바이샤리로 돌아왔다. 그러자 왕비는 출가를 받아주지 않을 것 같아 야수다라를 포함해 5백 명의 여인과 함께 미리 삭발한 채 맨발로 걸어서 대림정사를 찾아왔다. 제자 아난다가 이들을 애처롭게 여겨, 부처님께 질문하였다.

"여인은 출가해서 성불할 수 없습니까?"

이에 부처님은 이렇게 답하셨다.

**"여인도 똑같이 성불할 수 있다. 다만 정법이 오래가지 못할까
염려하는 것뿐이니라."**

아난다는 여인도 성불할 수 있다는 부처님의 말씀을 듣고 출가
시켜줄 것을 간청하였다. 부처님은 아난다의 청에 여인 출가를 허락
하면서 8가지 조건으로 여성 출가자에게 팔경계八敬戒 법을 설하였다.

"팔경계란 다음과 같다.
   첫째, 출가하여 100년의 경력을 가진 비구니일지라도
        바로 그날 자격을 얻은 비구에게 예배 합장하여야 한다.
   둘째, 비구니는 비구가 머무는 장소에서 안거해서는 아니 된다.
   셋째, 비구니는 매월 두 번씩 비구 승단으로부터 포살법을 묻고
        가르침의 설교를 들어야 한다.
   넷째, 비구니는 안거安居가 끝나면 양중[비구·비구니] 사이에서
        견·문·의見聞疑 세 가지 자자自恣를 받아야 한다.
   다섯째, 비구니가 중대한 죄를 범했을 때는 양중[비구·비구니]
        사이에서 대계大戒 = 八敬戒 받기를 청해야 한다.
   여섯째, 2년 동안 식차마나가 지나면 양중[비구·비구니] 사이에서
        대계 받기를 청해야 한다.
   일곱째, 어떤 일이 있더라도 비구니는 비구를 나무라거나 참소하거나
        비난해서는 아니 된다.

여덟째, 비구니는 비구에 대한 말길[言路]을 닫아야 한다.

비구는 비구니에 대한 말길을 닫지 않아도 된다."

왕비와 세자비는 규율을 지킬 것을 약속하고 출가하였다. 부처님이 여성에게 팔경계 조항을 지키게 한 것은 수행의 청정성이 무너지면 1,000년을 이을 정법이 500년으로 줄어드는 것을 막기 위한 것이다. 부처님이 말씀한 8가지 조건은 마하파사파제 왕비와 야수다라 세자빈은 비구니로서 훌륭한 영향력을 발휘하여 부처님이 염려했던 일들은 일어나지 않았다.

여성 출가는 당시 인도 사회에서는 큰 사건 중 하나이다. 인도의 모든 종교 교단에는 여성 출가법이 없다. 부처님의 가르침에 따르면, 모든 중생은 모두 불성을 지니고 있으나 업연에 의하여 그 불성이 나타나지 않을 뿐이니 누구나 수행하여 자성을 찾는다면 모두 부처를 이룰 것이다. 이에 어찌 여성이니 남성이니 하는 성차별이 있겠는가? 모든 생명은 평등하며 모두 존경해야 한다.

사자국에 불법이 전해진 것은 200여 년 뒤에 아소카왕의 공주 상가미타가 출가하여 비구니 몸으로 보리수를 전하였으니 비구니로서 큰 공을 세운 결과라 할 수 있다.

부처님 열반 2,500여 년이 지난 지금은 정법 시대가 지나고 말법 시대라 한다. '말법 시대도 이 법을 지켜야 하는가?' 반문할 수 있다. 정법 시대가 오기를 서원한다면 어떻게 해야 하는지 답을 알 것이다. 바이샤리의 대림정사는 여성부호가 세운 정사요, 최초로 여승 출가법이 공인된 곳이므로 여성 해방의 근원지이다. 그리고 또 하나는 이전까지는 출가자만을 존중했으나 유마힐 거사로 인하여 재가자와 출가자가 동등하게 수행할 수 있게 되면서 비로소 온전한 수행의 4부 대중이 성립되면서 불교 변화의 역사적 의미가 깊은 장소가 된 것이다. 여성이 출가할 수 있도록 도와준 아난존자의 반신사리탑이 이곳에 있다. 또 하나의 탑은 왕사성 죽림정사 주변에 있다. 아난존자는 120세에 갠지스강 가운데서 열반하였다. 이런 면에서 대림정사 중각강당은 그 의미가 크지만, 지금은 건물이 사라지고 넓은 터로만 남아있다. 저녁노을을 받아 찬란하게 빛나는 아소카왕의 석주, 석주 위에 온전하게 보존된 살아있는 크기로 만들어진 사자상은 머리를 북쪽으로 향하여 그 옛날 부처님의 열반지 쿠시나가라를 바라보고 있다.

부처님이 대림정사에 머물던 어느 날, 코끼리와 같은 선한 눈빛으로 주변을 둘러보다가 제자 아난다를 향해 다음과 같이 말씀하셨다.

**"아난아! 내가 아름다운 바이샤리를 보는 것도 이것이 마지막이
되겠구나."**

부처님은 이렇게 열반의 예언이 담긴 말씀을 하시면서 뒤로 돌아보았다. 코끼리가 뒤를 돌아보듯이 온몸을 오른쪽으로 돌려 바이샤리에서 빛나는 화엄의 설법처를 보았다. 대림정사 중각강당 위로 잔잔하게 흐르는 빛의 세계를 바라보시고 바이샤리를 떠나셨다.

●
유마힐 거사

바이샤리는 《유마경》의 주인공 유마힐 거사의 고향이자 대승불교가 처음 일어난 곳이다. 대승불교란 일체의 형식을 떠나 깨달음을 추구하는 것이 아니라, 중생교화에 중점을 두면서 불교를 일상생활화하는 보살 사상이다. 출가자 중심의 불교가 재가자 동참을 바라는 새로운 불교 운동이다.

유마힐이 병이 났을 때 문수보살이 찾아와 왜 아프냐고 묻자, '중생이 아프므로 나도 아프다'하고 대답한다. 이는 보살심이 깊으면 중생의 고통을 함께한다는 대승적 답변이다. 중생과 유마힐, 중생과 부처가 둘이 아니라는 불이법문不二法門의 설법은 여기서 나온 것이다. 불교의 팔만사천 경전은 모두 석가모니불의 설법이다. 《유마경》만이 유일하게 재가자 유마힐이 설한 것이다. 유마힐은 방편으로 병들었다 전하여 출가자 중심의 병든 불교를 치유하고자 하였다.

유마힐과 부처님은 얼굴을 맞대고 대화하지 않아도 이심전심以心傳心으로 서로의 마음을 알아보았다. 부처님이 가진 법 가운데 부족한 하나를 유마힐이 가지고 있었다. 부처님은 그 부족한 하나를 채우기 위해 유마힐이 포교 방편으로 자신의 병을 소문냈다는 사실을 알고 있었다. 그래서 제자인 마하가섭, 아난다, 목건련, 사리불을 차례로 불러 유마힐의 병문안을 하라고 하지만 제자들은 사양한다. 다들 유마힐로부터 수행하는 과정[출가자 중심]에서 잘못을 지적을 받은 경험이 있어 그를 만나는 것을 껄끄럽게 생각하였다.

　　유마힐이 부처님의 제자들을 비난한 것은 고정관념에 젖은 제자들이 재가자를 외면한 채 출가자를 위한 설법만을 중시했기 때문이다. 사실 출가자가 교화하는 대상은 재가자이므로 재가자에게 맞는 법을 전해야 하는데, 부처님의 제자들은 오로지 수행하는 데만 힘을 쏟아야 한다는 법을 전하였으니, 어찌 유마힐이 지적하지 않겠는가? 자연적으로 쓴소리를 듣게 되었다.

　　제자들이 이처럼 문병 가기를 거절하는 가운데 부처님은 문수보살을 보내기로 하였다. 500명의 제자들이 문수보살의 뒤를 따랐다. 집 앞에 다다라 문수보살이 스승을 대신해서 병문안을 왔다고 하자 유마힐이 안으로 들어오라고 했다. 유마힐이 머무는 곳은 십홀방장十笏方丈이다. 그런데도 신기하게 500명의 사람들이 그 안에 다 들어갈 수 있었다. 눈에 보이지도 않는 작은 티끌에 온 세상이 들어 있듯이[一微塵中含十方], 십홀방장에 500명의 비구와 많은 천신들이 함께하였다. 화엄회상이 펼쳐진 것이다. 유마힐과 문수보살 사이에서 불이법문不二法門이 시작되었다. 그리고 동참한 모든 대중은 화엄일승법華嚴一乘法을 깨달은 것이다.

● 근본 사리탑

대림정사를 나와 쿠시나가라 방향으로 1km 정도 떨어진 곳에 대림정사에서는 5km 정도 떨어진 곳에 근본 사리탑이 있다. 남천축의 아마라바티 대탑 모양과 같은 형상의 탑이었다. 아소카왕이 인도를 정복하고 이곳을 발굴하여 석주를 세우고 사리를 모셨다. 이곳은 부처님 열반 후 8등분의 사리 중의 하나이며, 아소카왕은 발굴된 사리를 10등분 하여 1등분을 다시 이 자리에 모셨다 한다. 쿠시나가라 화장터에서 나누어진 다른 7처의 사리도 아직 발굴하지 못하였다. 그런데 세월이 흐르면서 다른 곳에 있던 진신사리는 모두 산실 되었을 것으로 알고 있다. 현재 이곳은 탑 터만 지붕을 덮은 상태이다. 유물은 모두 박물관에 전시되어 있지만 사리는 어디에 모셔졌는지 알지 못한다.

　인도는 지금까지 3명의 왕이 인도 전역을 통일하였다. 법의 통일은 싯다르타 태자가 부처를 이룬 후 통일이다. 나라의 통일은 현실적으로는 최초 통일 왕은 아소카왕이다. 두 번째는 2세기에 카니시카 왕이요. 세 번째는 인도인이 아닌 페르시아 인으로 악바르왕이 통일하였다. 악바르왕은 무갈제국의 왕이다. 타지마할을 건립한 샤자한왕이 그의 손자이다.

　　인도의 불교는 선종禪宗도 만다라曼茶羅도 진언眞言도 없는 불교이다. 교리에서도 법화니, 열반이니, 방등이니, 금강이니 하는 것이 없다. 부처님 생전에 중생들을 위하여 천축국을 다니면서 일상생활에 관하여 설하신 생활법인 아함경阿含經뿐이며, 유적으로는 부처님 열반 후에 보리수·족적·사리·스투파·정사精舍이다. 수행자들이 이곳을 순례하는 것은 종파나 교파나 교리를 초월하여 석가모니불의 자취를 찾아 경배하면서 선정하는 그 자체이며, 걸식 자체가 불교며, 고행 자체가 불교라는 것을 배우고 돌아간다. 중생은 누구나 평등한 것이며, 무엇이든지 이룰 수 있고 가질 수 있고 버릴 수도 있다. 모든 생명은 장소와 시간과 인간의 차별 없이 평등하다는 법을 배우고 돌아간다. 특별한 관점에서 불교를 알려고 한다면 이것은 크게 그릇된 것이다. 존귀하고 고귀한 나의 생명을 다시 한번 알아보는 계기로 삼으면서 바이샤리에 남아있는 부처님의 발자취를 순례하여야 할 것이다.

발우탑 '케사리'

부처님은 기원정사에서 영축산정을 돌아 다시 쿠시나가라로 향하는 대 열반의 여행을 떠난다. 사바세계에 인연을 거두기 위한 여행이다.

　　기원정사를 떠나 먼저 돌아본 곳은 처음 머리 깎고 사냥꾼과 옷을 바꾸어 입은 코올리아 족이 사는 라마아 촌이다. 현재 승려들의 가사색상이 노랑으로 된 것은 이때의 전통을 따른 것이다. 사냥꾼이 짐승과 구분하기 위하여 산 숲에서 잘 보이도록 노란색 옷을 입은 것이 유래이다. 수행자도 나무숲에 앉아 수행할 때 사냥꾼의 눈에 잘 보이도록 노란색을 택하게 된 것이다.

　　부처님이 열반을 위해 쿠시나가라로 가신다는 소식을 들은 바이샤리 릿차비족은 부처님을 따라오면서 눈물을 흘리면서 열반을 만류하면서 따라온다. 계속 따라오는 릿차비 족을 부처님이 신통으로 강을 만들어 따라오지 못하게 하였다. 그러면서 릿차비 사람들의 마음을 달래기 위하여 발우를 전하고 가사를 갈아입고 떠났다.

릿차비 사람들은 부처님 열반 후 발우를 받았던 장소에 한 면의 길이가 475m의 장방형의 큰 탑을 조성하여 발우를 모셨다. 지금까지 나타난 발우 탑으로는 이것 하나뿐이다. 이 발우탑도 이슬람교도의 침공 때 흙으로 묻혀 지금까지 마을 들판에 우뚝하게 솟은 동산으로 있었다. 1860년에 유적지인 줄을 알고 발굴하기 시작하여 2006년까지 15m 높이 정도만 발굴되었다.

지금까지 발굴된 부분은 1층 기단이다. 6층으로 높이가 45.7m이다. 탑의 전체 높이를 추증하면 ½정도 발굴로 함실과 탑의 상단 모양을 볼 수 있다. 최상단에 발우를 모시고 6층 아래는 함실을 만들어 부처님의 상을 모셨다. 함실에 모셔졌던 것으로 추증되는 불상도 일부 발굴되었다. 인도네시아의 보로부두르가 현재 보이는 것만이 아닌 탑을 오르는 동산 자체가 모두 탑이라는 생각이 들 듯이, 이곳의 발우탑도 보이는 것만이 아닌 땅속까지 연결되어 있을 것만 같다. 보로부두르가 화엄법계도이며, 부처님 전생담이 조각되어 있다면, 발우탑은 함실마다 부처님 설법 모습을 조각한 현생 법계도일 것이다. 대보리사의 대탑 둘레에 함실을 보면 짐작할 수 있을 것이다.

부처님 발우탑

●

《화엄경》은 말이 아닌 침묵의 설법

《화엄경》은 비로자나불이 석가모니불과 자수법락自受法樂으로 설하신 경으로 부처님은 무언으로 법을 설하면서 다시 일곱 장소에서 아홉 번의 큰 법문 하겠다는 예언을 하였다. 이것이 7처七處 9회九會 39품品의 화엄경으로 처음 설법지는 보드가야의 보리도량이다.

7처는 천상계의 4처와 인간계에 3처이다. 천상은 도리천에서 6품, 야마천에서 4품, 도솔천에서 3품, 타화자재천에서 1품을 설하였다[어머니 마하마야를 위하여 3개월간 천상에 머물면서 설하다]. 인간계 3처는 보드가야의 보리도량에서 6품, 보리도량 주변 보광명전에서 3회 18품, 마지막으로 대림정사 중각강당에서 입법계 1품을 설하여 회향하였다.

이곳에서 설한 것은 대림정사가 지닌 인연 때문이다. 여인의 보시로 지어지고, 여인이 출가하고, 거사의 불이법문이 설해진 곳이다. 선재동자가 찾아가는 53선지식은 부처님이 아닌 보살, 비구, 비구니, 우바세, 우바이, 선인仙人, 천신, 장자, 외도, 바라문, 기생, 뱃사공, 지신地神, 주신晝神, 야신夜神, 국왕, 왕비, 동자, 동녀 등 다양한 선각자들이다. 그 가운데 절반이 여성이다.

선지식들이 선재동자에게 전해진 법은 하나같이 청정을 근본으로 영원히 시들지 않는 보살행의 법문이다. 하나 속에 전체가, 전체 속에 하나가 있다. 일상생활이 곧 비로자나불의 생활이라는 당체법문의 설법이다. 인도 불적지 순례자인 나는 그 옛날 부처님의 법음法音이 고요하면서도 장광長廣하게 울렸을 광경을 마음으로 그려본다. 선재동자가 미륵이요 미륵이 곧 선재동자이다. 질문도 답변도 자수법락으로 자문자답의 수행도로 설해지는 화엄의 일승법계도를 마음에 새겨본다.

하나 가운데 모든 것이 있으니, 그 하나를 채워야 원만해진다.
一中一切多中一

진리에서 그 하나는 곧 나 자신으로 세상은 내가 있으므로 원만한 세상이 되는 것이다.

●
불이법문不二法門의 교훈

싯다르타 태자는 깨달음을 얻은 뒤 한동안 선정에 드는데, 그때 자연과 하나 됨을 느끼게 된다. 자리에 가만히 앉아

> '이와 같은如是 바다도 있구나, 이와 같은如是 강도 있구나, 이와 같은如是 산도 있구나, 이와 같은如是 사람도 있구나, 이와 같은如是 스승도 있구나, 이와 같은如是 탑도 있구나, 바람이 이와 같이如是 부는구나, 물이 이와 같이如是 흐르는구나, 불길이 이와 같이如是 타는구나, 숲이 이와 같이如是 울창하구나'

이렇게 마음으로 생각하면, 천지 만물과 시간과 내가 하나 됨을 느끼면서 이것이 장엄 된 화엄의 세계임을 알았다. 이제부터 삼라만상은 모두 설법으로써 장엄된 것임을 밝힌 것이다.

화엄은 삼라만상을 아름답고 원만하게 장식하는 것인데, 어느 하나라도 부처님 장엄물 아닌 것이 없다. 모든 것을 원만수인 10으로 나열한 법계이다. 세상에는 버릴 것이란 아무것도 없다. 모두 필요에 따라 존재하는 만상들이다. 그 만상을 모두 부처로 보일 때 비로소 해탈과 열반과 성불이 원만하여 아름다운 화엄의 만다라가 완

성된다. 그 가운 어느 하나가 빠지면 완전한 아름다움이 아니다. 빠진 것은 상황에 따라 달라진다. 그 부족한 하나를 채우기 위하여 노력하면서 달려간다.

보살이 마지막 선정에 들었을 때 빠진 것이 하나 있었다. 마왕의 법이다. 마왕을 깨워 그 법을 받음으로 원만한 깨달음을 얻었다. 법 받음을 항복이라 표현하여 수하항마樹下降魔라 한 것이다. 45년이 지난 뒤 열반에서 빠진 그것이 무엇이겠는가? 가섭에게 보인 곽시쌍부槨示雙趺이다.

우리 스스로 돌아보자. 바이샤리의 암라수원에는 원숭이 연못과 아소카 석주 그리고 크고 작은 탑들이 있다. 물이 있고 바위가 있고 사자상이 해가 지는 서쪽의 저녁노을을 바라보고 있다. 찬란하게 마지막 빛을 남기는 저녁노을 저 멀리 쿠시나가라가 있다. 부처님 열반의 장소 쿠시나가라가 있다. 아름다운 사바세계에서 일생을 보낸 부처님은 다시 하나가 부족하다는 것을 느꼈다. 부처님은 그것을 찾도록 열반상을 보이신 것이다. 그리고 법신의 곁으로 떠나신 것이다.

중생은 무엇이 부족한가? 모든 것을 갖추었다 하여도 그것은 바깥소식일 뿐이다. 외부의 허상으로 보이는 호화로움, 아름다움, 즐거움에 나 자신을 잃어버린 것이다. 그러므로 부족한 것은 우리 자신이다. 자신이 자성을 찾아 채움으로써 비로소 원만하고 아름다움이 완성될 것이다. 코도 아름답고 눈도 아름답고 귀도 아름답고 키도 적당하고 손과 발 모두 적당해서 아름답지만 뭔가 부족하다고 느끼는 것이 마음이다. 부족하다고 느끼는 마음 하나를 채우기 위하여 정진수행 한다.

싯다르타 태자 탄생시 '천상천하유아독존'이라 표현하고, 열반시 '나는 한 법도 설한 일이 없다'고 표현하였다. 이 세상에 모든 것이 먼저 와서 기다리고 있었으나 부족한 하나인 싯다르타가 나타나기를 기다렸다. 그것을 깨달은 싯다르타가 어찌 이 세상을 존귀하게 보지 않겠는가? 설법 역시 과거 불이 이미 설하였으므로 부족함이 없다. 이 세상에 존재하는 모든 것은 마음이며, 빛이며, 물이며, 불이며, 바람이며, 삼라만상으로서 '일중일체다즉일一中一切多即一 일미진중함시방一微塵中含十方'이다. 하나의 마음속에 천지 만물을 품고 있음을 알 때 법신 비로자나불과 가까워진 것이다.

유마힐의 십홀방장+方纺丈이나 부처님의 '다자탑전반분좌' 열반처에서 '곽시쌍부' 일화에서 보듯이 부족한 하나, 갖추어지지 않은 하나가 채워질 때 비로소 화엄 법계의 진리가 완성된다. 부처님은 당시 출가수행자만 인정할 때, 재가자 유마힐을 인정함으로써 현교의 빈자리를 밀교로 채웠다. 또 다자탑多子塔 앞에서 자신의 자리 절반을 가섭에게 양보함으로써 온전한 부처의 자리를 완성할 수 있었다. 열반 처에서 가섭에게 당신이 몸담아온 두 발을 보이시고 석가모니불은 떠났다. 화신이 떠난 그 빈자리를 우리가 채워야 한다. 이제 우리는 그 소중한 하나가 되어야 한다.

　　부처님에는 법신불·보신불·화신불이 있고, 교에는 현교와 밀교가 있고, 중생에는 출가와 재가가 있고, 이로써 비구·비구니·청신사·청신녀가 있다. 바이샤리의 대림정사처럼 석가모니불이 있으면 유마힐이 있어야 하고, 비구가 있으면 비구니가 있어야 하고, 출가자가 있으면 재가자가 있어 서로 존경하고 서로 인정하고 서로 공양할 때 완벽한 쌍두마차로서 빛이 날 것이다. 어느 쪽 하나만 있으면 면 불안정하다. 법화의 현교와 화엄의 밀교가 동시에 발전할 때 불교가 발전한다. 진각종이 성장하려고 애쓰는 것은 단순히 종단 세력을 확장 시키려 함이 아니다. 현교와 밀교가 평등해질 때 완전한 불국정토가 건설되기 때문이다. 밀교가 그 역할을 다할 때 원하는 데로 이루어질 것이다. 불이법문不二法門 소식이 무슨 소식인지 알아야 할 것이다. 비로자나불의 법은 무언의 설법으로 시간의 구별도 장소의 구별도 사람의 구별도 하지 않는 무상의 불이법문이다. 어느 하나라도 존재한다면 불이법문이 아니다. 불이법문의 진실을 깨달을 때 유마힐의 소식, 수하항마의 소식, 비로자나불 무언의 소식을 알게 될 것이다.

"자비한 가르침에 머리 숙여 합장합니다.

인간, 석가모니불을 만나다

VII
쿠시나가라, 열반으로 향하는 길

석가모니불의 열반지로 알려진 쿠시나가라, 석가모
니불의 삶은 대부분 길 위에서 이루어졌다. 마야부인
이 출산을 위해 친정으로 가는 도중 룸비니 동산에서
태어났으며, 왕위를 버리고 출가하여 깨달음을 얻은
뒤 법을 설했다. 죽음을 예견한 그는 열반 여행을 끝
낸 뒤 쿠시나가라에 있는 사라쌍수 아래에서 열반에
들었다. 드넓은 평원에 자리 잡은 열반사원터, 열반
당, 석가사리탑, 아난다의 사리탑이 있다. 당시 다비
식을 거행했던 라마브하르 스투파도 볼 수 있다.

●

석가모니부처님의 열반 여행

"거룩한 부처님께 귀명歸命합니다."

인간 석가모니불의 참모습을 열반 여행길에서 볼 수 있다. 우리와 다를 바가 없는 모든 생애의 모습이 유유히 흐르는 강물의 물그림 자가 되어 굽이치고 있다. 이제 부처님의 열반 여행을 따라 2,500년 전으로 돌아가 함께 쿠시나가라로 떠나보자. 부처님은 열반에 들기 석 달 전에 바이샤리를 떠나면서 아난다에게 열반을 예견하는 법문 을 하였다.

> **"여래와 같이 모든 것을 통달한 사람은 신통력을 가졌기 때문에**
> **자신이 원한다면 이 세상에 얼마든지 머물 수 있다."**

이 말씀에 아난다는 아무런 대답을 하지 않았다. 거듭 3번이 나 했는데도 아난다는 묵묵부답이었다. 이때 마왕 파순이가 틈을 보고 부처님께 열반하실 것을 권하였다. 부처님은 아난다의 묵묵 부답과 마왕의 권고를 듣는 순간 열반의 시기가 가까워졌음을 알았다. 보리수 아래에서는 내가 마왕을 깨워 그를 항복시키고 성불하였다. 이번에는 마왕이 열반을 권유함에 듣지 않을 수 없었다. 만일 누군가가 마왕의 청을 거절할 수 있는 답을 주었다면 열반을 멈출 수 있었을 것이다. 그러나 25년을 함께한 아난다는 아무 말이 없었다[이 부분에 대하여는 훗날 가섭존자에게 아난다가 잘못하였다는 지적을 받게 된다]. 이로써 부처님은 열반을 결심하신 것이다. 부처님은 이곳에서 선정에 들어 마왕에게 3개월 뒤에 열반하겠다고 약속하였다. 이 선정은 열반을 허락하는 선정이면서 후세의 제자들이 굳은 신심을 가지고 항상 삼보를 공경하여 마군들의 꾀임에 유혹당하지 않기를 서원하는 열반을 위한 제1 선정이기도 하다. 선정에서 깨어날 때 지진이 일어나듯 땅이 흔들렸다. 아난다는 놀라서 부처님께 여쭈었다. 부처님은 이렇게 말씀하셨다.

> **"여래의 생애에 중대한 일이 있을 때**
> **반드시 땅의 진동이 있느니라."**

지금까지 부처 자신을 위한 땅이 진동한 것은 도솔천에서 모태로 들어올 때, 모태에서 나올 때, 성도하여 부처님이 될 때, 처음 법륜을 굴릴 때, 생명력을 포기하는 열반할 때로 다섯 번째이다.

부처님은 열반 여행을 계획하면서 다시 왕사성 영축산으로 오른다. 그곳에서 수기의 《법화경》을 마무리하고, 미래불교의 터전을 마련하며, 열반 이후에 일어나는 문제와 대치법과 제자들에게 남길 말씀하시고자 오른 것이다. 법화경을 설하여 마치시고 열반을 준비하는 회향의 길을 떠난다. 인간으로서 마지막 남은 불사를 위하여 길을 떠난다. 한걸음 한 걸음이 열반 여행의 행보이다. 80세의 노쇠한 몸을 이끌고 왕사성을 떠나 300여 리 떨어진 암바랏티카원 왕의 집에 잠시 머물었으며, 파바리카 암바림林에서 계정혜戒定慧삼학三學을 설하였다.

> **"계율의 뒷받침이 있는 선정은 그 과보와 공덕이 크다.**
> **선정의 뒷받침이 있는 지혜는 그 과보와 공덕이 크다.**
> **지혜의 뒷받침이 있는 마음은 온갖 더러움에서 온전히 해탈한다.**
> **더러움이란 욕망, 생존욕, 그릇된 소견, 무지의 4가지이다."**

삼학의 학學은 실천을 뜻한다. 옛날 사리불과 신앙에 대하여 말씀을 나누던 나란다 교외 동산에서 장차 불법을 믿는 자가 계정혜 삼학을 실천하기를 서원하는 열반을 위한 제2 선정에 드셨다. 선정에서 나와 나란다를 지나 파탈리촌지금의 파트나으로 가셨다. 아사세왕은 왕사성에서 이곳으로 수도를 옮기기 위하여 성을 쌓고 있었다. 부처님은 혜안慧眼으로 도시를 관하였다. 그리고 아난다에게

> **"위대한 신들이 사는 땅에는 복이 있고 힘 있는 사람들이 살게**
> **되고, 보통 정도의 신들이 사는 땅은 보통사람들이 살게 되고, 열**
> **등한 신들이 사는 땅은 열등한 사람들이 살게 된다. 이곳은 장차**
> **훌륭한 사람들이 살 것이며, 상업이 번창할 것이다. 그러나 화재**
> **와 수재, 내란으로 멸망할 날이 있다."**

부처님은 길지吉地에서 모든 재난이 사라지고 좋은 일들만 일어나기를 서원하면서 파탈리촌에서 열반을 위한 제3 선정에 들었다. 선정에서 나와 파트나를 지나 갠지스강을 배 없이 건넜다. 차안此岸에서 피안彼岸으로 나가신 것이다. 처음 성도하여 바라나시로 갈 때는 혼자 배 없이 건넜다. 그때는 피안의 해탈법을 전하기 위함이요, 지금은 열반의 피안법을 전하기 위하여 대중과 함께 건넌 것이다.

갠지스강을 건너 나디카촌에 이르러 사성제법의 증득에 따른 인연과보를 설하였다. 삼보에 귀의하여 첫 번째 법을 깨달으면, 일곱번의 생사만을 되풀이하는 해탈을 얻게 되고[須陀洹], 다시 수행하면 마음의 문이 열리면서 단 한 번의 생사를 받는 해탈을 얻게 되며[斯多舍], 더욱 정진하여 깨달음을 얻으면 생사에 윤회하지 않는 해탈을 얻을 것이며[阿那舍], 다시 쉬지 않고 정진하면 성자[阿羅漢]가 되어 응공을 받을 것이다. 이 말씀을 전하면서 모든 수행자가 아라한과를 얻기를 서원하는 열반을 위한 제4 선정에 들었다. 선정에서 나와 바이샤리 교외에 있는 치아팔라 사당에 잠시 머물면서 아난다에게

"이 아름다운 바이샤리를 다시는 못 보겠구나."

부처님은 아쉬운 눈으로 마을을 둘러보고는 파아바의 서울로 향하였다. 중간에 있는 보오가 마을에서는 4대교법四對敎法을 말씀하셨다.

"첫째, 이것은 부처님에게 직접 들었다. 둘째, 이것은 규율에 맞는 모든 교단 정사精舍에서 들었다. 셋째, 이것은 모든 장로와 함께 들었다. 넷째, 이것은 뛰어난 한 사람 장로에게 들었다. 이 네 가지 경우라도 그 자리에서 바로 찬성하지도 말고, 반대하지도 말고 잘 생각한 끝에 결정하라."

이 4대교법은 훗날 결집처에서 가르침대로 하였다. 쿠시나가라로 가는 중간 교외과수원에 머물렀다. 이 과수원은 금속 대장장이 순타淳陀의 소유지이다. 부처님이 오셨다는 소식을 듣고 새로운 수카라 맛다바[旃檀樹 = 버섯의 일종]로 음식을 만들어 공양을 올렸다. 부처님은 공양을 받으면서

"이 공양이 나의 마지막 공양이다. 공양 가운데는 두 가지 훌륭한 큰 공양이 있다. 첫째는 성도 하였을 때 올리는 공양이요, 다음으로 열반을 하고자 할 때 올리는 공양이다. 이제 순타가 여래에게 마지막 공양을 올렸으니 그 공덕의 과보는 무엇과도 비교할 수 없다."

하시면서 제자들에게

"부처님에게 마지막 공양 올린 순타에게 이제부터 '나무 순타'라 하라. 그 공덕이 너무 크고 위대하기 때문이니라.

하셨다. 다시 순타에게

> "나무 순타여! 이 공양은 여래如來 외에는 어느 뉘라도 소화시킬
> 수 없다. 나머지 공양물은 모두 땅에 묻어라. 이 공양물은 범천
> 이라도 소화시킬 수 없을 것인데, 하물며 땅 위에 사는 생명이겠
> 는가."

하셨다. 순타는 부처님의 가르침대로 남은 공양물을 땅을 파서 묻
었다. 순타의 공양이 마지막 공양임을 알면서도 부처님은 거절하지
않고 받았다. 과거 숙세宿世에 춘다와 인연이 있어 이를 풀기 위해서
받은 공양이었다. 이처럼 인과법칙은 부처님도 어쩔 수 없는 일이
다. 부처님이 녹야원에서 처음으로 부처님 법을 깨달은 교진여에게
'아야 교진여阿若憍陳如'라 부르게 하고 마지막 공양을 올린 순타에게
'나무 순타南無 純陀'라 부르라 한 것은 같은 공경의 의미를 지니고 있
다. 부처님은 다시 제자들에게

> "지금부터는 가는 곳의 마을이 작아 함께 걸식하면서 가기가
> 어렵겠구나, 분산하여 쿠시나가라로 가도록 하여라."

비구들은 각각 나누어서 가게 하고 아난다와 둘이서 쿠시나가
라로 향하였다. 파아바에서 쿠시나가르까지는 20km 정도 거리지만
부처님은 가는 길에 25차례나 휴식을 취하면서 천천히 움직였다.
부처님은 피곤한 몸으로 카쿳타칸다키강 옆 나무 그늘에서 가사로

방석을 하고 앉아 일체중생들의 악업의 인연으로 받는 고통에서 속히 벗어나기를 서원하는 열반을 위한 제5선정에 들었다. 선정에서 나와 아난다에게 물을 청하였다. 아난다는

"방금 500대의 마차가 지나가서 흙탕물이 되어 마실 수가 없습니다. 조금만 가시면 히라니야 비티강이 있습니다. 그곳에서 물을 올리겠습니다."

하였다. 부처님은 3번이나 청했는데도 거절하였다.

부처님은 간신히 히라니야 비티강에 도착하여 물을 마시고 목욕도 하였다. 목욕을 마친 부처님은 강가에 앉아 쉬었다. 이때 풋쿠사 선인이 지나다가 부처님의 몸에서 찬란한 빛이 나오는 것을 보고 부처님 발에 예를 올리면서 찬탄하였다. 풋쿠사 선인은 말라족의 귀족이며 아라다 카르마의 제자이다. 부처님 몸에서 발광하는 빛을 보고 자신도 모르게 귀의를 한 것이다. 그리고 금란가사 두벌을 보시하였다. 부처님은 가사를 받아 아난다에게 입히게 하였다. 금란가사를 수하였으나 부처님 몸에서 나오는 빛 때문에 가사도 빛을 잃었다. 아난다가 부처님 몸의 위광에 대하여 여쭈었다.

"아난아! 부처의 몸의 위광이 유난히 빛날 때는 두 번 있다. 하나는 깨달음을 얻기 전날 밤이요, 또 하나는 열반에 들어가기 전 날 밤이다. 성불 전야의 빛은 화신불의 빛이요, 열반 전의 빛은 법신의 현상을 나타내는 빛이니라."

풋쿠사 선인과 이별하고 길을 떠났다. 부처님은 힘겹게 쿠시나가라 사라수 숲 언덕이 보이는 200m 정도를 남겨둔 죽림촌의 선정처Matha kuar shrine 슬픈 왕자의 죽음에 이르렀다. 부처님은 도저히 발걸음을 옮길 수가 없어 길옆에 앉았다. 죽음에 가까우리만큼 심한 아픔의 고통을 감내하시면서 머물렀다. 이때 부처님의 모습이 가장 괴로워하는 모습이었다.

부처님의 몸이 가장 약할 때가 두 번 있었다. 6년 동안 난행과 고행할 때 피골이 쌍접雙椄하였을 때와 열반을 하루 앞둔 지금의 모습이다. 피골이 쌍접할 때는 괴로움은 없었는데 지금의 고통은 표현할 수가 없을 정도이다.

80세에 열반할 것을 알고 왕사성에서 여기까지 오시면서 매번 선정에 들었던 것은 비로자나불로부터 힘을 받아 청정성의 공능功能으로 회향하기 위함이었다. 이제 이곳에서 다시 비로자나불의 힘을 받아 45년간의 모든 설법이 영원하기를 서원하는 열반을 위한 제6 선정에 들었다. 선정에서 나와 약간의 기력을 찾아 사라나무 숲 언덕에 이르러 아난다에게 두 그루 사라수 사이에 자리를 깔도록 하였다. 이때 100세가 넘은 수발다라 수행자가 부처님을 뵙고자 하였다. 아난다가 밖에서 막았다. 부처님이 아난다에게 수발다라를 들어오게 하라 하였다. 수발다라須跋陀羅는 비상비비상처천非想非非想處天의 경지에 오른 울두람불鬱頭藍弗 스승 밑에서 오랫동안 수행을 하여도 깨닫지 못하였으며, 오히려 깨달음을 얻었다는 수행자들을 의심하였다. 부처님을 수발다라의 마음을 읽고 이렇게 말씀하셨다.

"수발다라여! 남의 깨달음에 관하여 무엇이 그리 중요한가? 자신이 바른 마음으로 수행하여 깨달으면 될 것이다."

수발다라는 부처님의 말씀에 귀의하면서 제자가 되기를 청하였다. 이때는 초기와 달라서 부처님 제자가 되려면, 어느 정도의 수련 기간을 거쳐야 한다. 그러나 부처님은 오늘밤에 열반하시는데 그리할 시간이 없었다. 제자들이 반대하는데도 부처님은 수발다라에게 구족계를 주고 8정도법을 전하였다. 수발다라는 법을 듣고 깨달음을 얻어 아라한이 되었다. 이로써 부처님의 마지막 제자가 되었다. 수발다라는 부처님의 열반을 지켜볼 수 없다면서 먼저 열반에 들었다.

부처님의 마지막 설법

아난다는 부처님이 열반에 들고자 할 때 슬픔을 참지 못하여 근처 나무 아래에서 울고 있었다. 부처님은 아난다를 불러 애별이고愛別 離苦의 법을 설하면서 다음과 같이 부탁하셨다.

> "아난다야! 너는 나를 받들면서 나의 말을 가장 많이 기억하는 그 공덕은 매우 크다. 그러나 아라한이 되지 못하였으니 부지런 히 정진하여 아라한의 경지에 오르도록 하라."

부탁의 말을 하면서 모인 대중들에게

> "아난다는 오랫동안 몸으로써 말로써 행동으로써 여래를 위해 정성을 다하였다."

이 말씀을 여러 번 하였다. 깨달음을 얻지 못한 아난다이기에 부처님의 열반을 그리도 슬퍼하는 것이다. 경전의 외움으로는 깨달음을 얻지 못한다는 이치를 증명이라도 하듯 아난다는 부처님 열반 후 100일 후에 있는 결집에서 마하가섭으로부터 법을 받아 비로소 아라한의 경지에 오르면서 마하가섭의 제자가 된 것이다. 아난다는 다시 부처님의 열반지가 이곳이 아닌 보다 큰 도시에서 하시기를 권하였다. 그때 부처님은

"쿠시나가라는 옛 대선왕의 서울로 왕성하였던 곳이다. 지금의 것만을 보지 말라."

하시면서 부처님은 사라수 아래에서 마지막 선정에 들기 전, 아난다를 마을로 내려보내어 말라족未羅族 사람에게 부처님이 오늘 밤 열반하신다는 것을 알리라 하였다. 마침 회의 중이었던 말라족은 모두 한자리에서 열반 소식을 듣고 모두 함께 사라수 언덕으로 모였다. 그리고 100명씩 200명씩 모아 부처님에게 인사를 올리었다.

아난다는 이 자리에서 부처님 열반 후 장례절차에 대하여 여쭈었다.

"출가수행승은 부처 장례에 상관하지 말라. 너희들은 진리를 위해 게으름 없이 정진에만 힘쓰라. 부처의 장례는 독실한 재가 사람들이 행할 것이다."

"부처님이시여! 여래의 장례를 재가자에게 맡기더라도 어떤 식

으로 치려야 합니까?"

부처님은 아난다에게,

"전륜성왕의 장례법을 따르라."

아난다는 다시 여쭈었다. 부처님은 말씀하셨다.

"전륜성왕의 장례의식은 먼저 향탕으로 그 몸을 씻고, 새로운 천으로 몸을 싸고, 다시 오백장백첩五百張白氎으로 차례로 감아서 금관에 안치하고 마유麻油를 부은 다음 제2 철관에 넣는다. 다시 전단 향곽에 넣고 여러 가지 좋은 향을 그 위를 올려놓고 화장하는 것이다. 화장이 끝나면 사방이 통하는 네거리에 탑을 세운다. 이것이 전륜성왕의 장례이다."

아난이 다시 사리에 대하여 여쭈었다. 부처님은 말씀하셨다.

"여래와 벽지불辟支佛과 불제자와 전륜성왕은 모두 탑을 세워 공양하는 것이 마땅하리라."

하셨다. 부처님은 다시 다음과 같이 강조하셨다.

"벽지불과 같은 성불을 구하지 말라. 성불하는 목적은 일체중생을

해탈시키기 위함이다. 자기만을 위한다면 보살과 불이 아니다."

인도에는 많은 수행자가 있으며 깨달음을 얻은 자도 많다. 그러나 중생을 교화하지는 않는다. 자신만의 해탈을 구할 뿐이다. 그러므로 독각성獨覺聖 또는 벽지불이라 하는 것이다. 싯다르타도 깨달음을 얻은 후 곧바로 열반에 들고자 한 것은 인도의 수행자들의 오래된 풍습 때문이었다. 그러나 성불한 싯다르타는 천신天神의 권유로 보살이 되어 바라나시를 시작으로 45년간 중생제도를 하시고 이제 쿠시나가라에서 법신으로 돌아가는 수순법을 따르는 것이다.

아난다는 부처님 열반 이후에 관하여 걱정이 많았다. 그리하여 많은 것을 여쭈었다.

"부처님이 열반하신 뒤 육군六群과 외도가 방해하면 어떻게 대치합니까?"

"묵묵부답默默不答 하라."

이것은 비구 비구니로서 결당結黨하여 위의威儀에 맞지 않는 행위를 하여 제정된 계율을 훼손하는 무리와 외도들과는 시시비비를 가리지 말라는 뜻이다. 오로지 정진하라는 강한 의도가 담긴 말씀이다. 아난다는 다시 여쭈었다.

"부처님 열반하시면 누구를 스승으로 삼으리까?"

부처님은 이렇게 답하셨다.

"계로써 스승을 삼아라以戒爲師."

부처님은 어떤 특정한 인물에게 법을 전해준 것이 아니다. 수행의 법칙대로 정진하면 자연히 나의 법을 깨달을 수 있으며, 그 사람이 나의 법을 물려받는 진실한 법제자로 인증하신다는 뜻이다.

진각성존도 열반에 드실 때 장례절차와 후대의 일어날 일에 대하여 말씀하신 것이 이와 같다. 제자들이 후사를 여쭈었을 때,

"옛날에는 의발衣鉢이요 이제는 심인법心印法이라. 약불단약藥不斷藥, 서남법西南法, 이 두 가지 법을 지키는 자가 내 법을 이은 자다."

고 말씀하셨다. 제자들은 다시 열반 후의 법에 관하여 여쭈었다.

"법은 어찌합니까?"

진각성존은 다음과 같은 말씀을 남기셨다.

"30년 동안 한 글자도 바꾸지 말고 그대로 이어가라."

부처님의 '묵묵부답默默不答 하라'는 말씀과 같은 뜻이다. 진실한 법은 이미 다 설하여져 있다. 진각성존께서 설하신 '심인법'은 문자나 의식이 아닌, 오로지 육자진언六字眞言 염송 정진으로만 얻을 수 있는 법이며, '서남법'은 일반적인 역법易法이 아닌 일상생활 속에 사람과 공간과 시간에 따른 정도正道 실천의 계법戒法을 말하는 것이다. 예를 들면, 햇빛이 필요한 곳에 햇빛을 가리는 것은 정법이 아니요, 시간의 소중함을 알고 시절인연時節因緣을 깨달아서 가고 오고 머무는 시기를 잘 택하여야 하며, 자격 없는 사람이 자리를 차지하는 것은 정법이 아니다. 밥 먹을 때 밥 먹지 않고 잠잘 때 잠자지 않는다면 서남법과는 거리가 먼 생활이다.

부처님의 '이계위사以戒爲師' 말씀이나 진각성존의 '약불서남藥不西南'은 같은 맥락의 계법이다. 시대에 따라 표현법이 조금씩 다를 뿐 근본적으로 같은 뿌리임을 알 수 있다. 아난다는 스승에게서 마지막 가르침을 받고자 기다렸다. 부처님은 아난다의 마음을 읽고 마지막 법문을 하셨다.

> "자기 자신을 등불로 삼고 진리를 등불로 삼아라.
> 자기 자신을 의지하고 진리에 의지하라.
> 자기 자신을 편히 쉴 곳으로 삼고 진리를 편히 쉴 곳으로 삼아라."
>
> 自燈明法燈明
> 自歸依法歸依
> 自洲法洲

게송을 남기시고 열반을 위한 마지막 제7 선정에 들었다. 먼저 초선정初禪定에서 제2 선정으로, 제2 선정에서 제3 선정으로, 제3 선정에서 제4 선정으로 들었다. 제4 선정에서 나와 공무변처정空無邊處定으로 들어가고, 다시 식무변처정識無邊處定으로 들어가고, 다시 무소유처정無所有處定으로 들어가고, 다시 비상비비상처정非想非非想處定으로 들어갔다. 여기에서 다시 반대로 비상비비상처정에서 무소유처정으로, 다시 식무변처정으로, 다시 공무변처정으로, 다시 제4 선정으로, 다시 제3 선정으로, 다시 제2 선정으로, 다시 초선정으로 들어갔다. 이렇게 3번을 반복하셨다.

●
화신 석가모니불의 열반

부처님은 선정에서 나와 머리를 북쪽으로 두고 서쪽을 향해 몸을 뉘었다. 발 위에 발을 포갠 자세로 열반에 드셨다. 대지진이 일어난 듯 대지는 진동하고 사라쌍수는 때가 아닌데 꽃이 피었으며, 꽃잎은 부처님의 몸 위로 떨어졌다. 아나율阿那律이 부처님 열반을 확인하였다. 성인의 열반상은 가장 편안한 모습이다. 서쪽에서 동쪽을 바라보면서 깨달음을 얻으시고, 이제 동쪽을 등지고 서쪽을 바라보면서 오른팔을 베고 법신으로 환원하신 것이다. 동쪽이 시작이라면 서쪽은 마침이다. 서쪽의 마침은 내일을 준비하는 시작이기도 하다. 석가모니불은 비로자나불로부터 이 땅에 오셨다가 할 일을 마치고 다시 비로자나불로 환원하셨다. 처음도 좋고 중간도 좋고 끝도 좋은 부처님의 말씀, 탄생도 좋고 성불도 좋고 열반도 좋은 일대사인연의 법을 보이신 것이다.

부처님이 두 그루의 사라수[沙羅雙樹] 사이에서 열반하실 때의 장면을 보면, 사라수 동산에는 4방에 한쌍씩 8그루의 사라수가 있었다. 동쪽의 한쌍은 부처님 뒤에 있었고, 서쪽의 한 쌍은 부처님 앞에 있었으며, 남쪽의 한 쌍은 부처님 발 쪽에 있었고, 북쪽의 한 쌍은 부처님 머리 쪽에 있었다. 동쪽의 한 쌍은 항상常함과 무상無常함을 나타냄이요, 남쪽의 한 쌍은 즐거움樂과 즐거움 없음不樂을 나타내며, 서쪽의 한 쌍은 나我와 나 없음無我을 나타내고, 북쪽의 한 쌍은 깨끗함淨과 깨끗하지 못함不淨을 설법하는 사라수이다. 부처님이 열반에 들자마자 4그루는 마르고 4그루는 더욱 무성하였다[四榮四枯]. 그리고 동쪽과 서쪽의 두 쌍이 합하여 하나의 나무가 되고, 남쪽과 북쪽의 두 쌍이 합하여 하나의 나무가 되어 부처님을 위를 덮었는데 나무는 슬픈 빛을 띠면서 모두 하얗게 변하였다. 흰빛은 모든 빛의 근본이므로 근본의 자리로 돌아간다는 법문이다. 4그루가 시들고 4그루가 무성한 것은 상·락·아·정과 무상·부락·무아·부정을 뜻하는 것이며, 머리를 북쪽으로 둠은 불법이 북쪽에서 오래 머문다는 법이다. 이처럼 열반에서 일어나는 현상들은 모두 부처님이 설하시는 마지막 비밀장秘密藏의 가르침이다.

석가모니불이시여!

영원하고 항상 하심이여!

해탈함이여!

진정한 주인공이시며!

청정 묘심妙心의 본래 자리로 돌아가심이여!

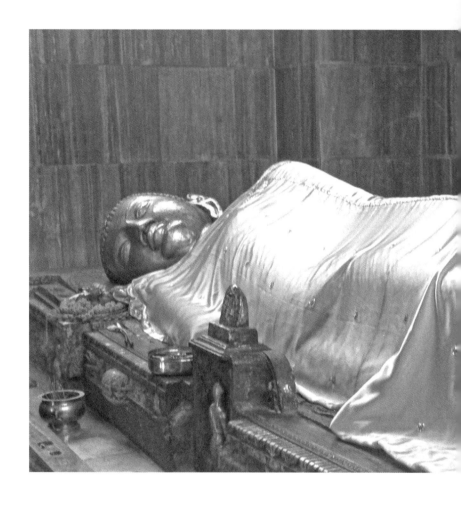

　　부처님의 열반 여행을 보면서 진각성존의 마지막 정진처가
된 '침산심인당'을 생각해 본다. 진각성존은 '서남법西南法'에 맞는 곳
을 찾아 대구시 침산동에 자리한 심인당에 머물면서 49일정진에 들
어갔다. 정진 중에 삼매에 들었다. 제자들은 성존의 모습을 보고 병
원으로 옮겨 수술하였다. 삼매에서 깨어난 성존은 숙세의 인연으로
생각하고 제자들을 나무라지 않았다. 수술한 아픈 몸으로 곧바로

쿠시나가라의 열반당에 모셔진 부처님 열반상

침산동으로 돌아와 남은 정진을 회향하셨다. 성자聖子의 법행法行을 진리로 보지 못하고 현실로만 생각하면, 누구나 다 잘못할 수 있다. 그러나 잘못에 대한 과보 받음은 훗날 반드시 나타난다. 종단의 주기적인 법난과 당시 현장에서 행한 분들을 살펴보면 알게 될 것이다. 원인을 알고 참회하고, 참회하여 소멸하지 않으면 과보는 계속될 것이다.

인간, 석가모니불을 만나다

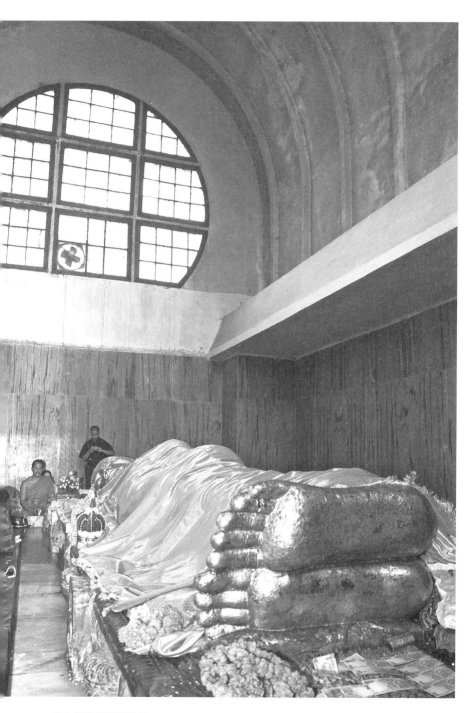

아나율Aniruddha 존자

아나율 존자가 부처님의 열반하심을 도리천 환희원에 계시는 마야 모후에게 전하였다. 마야부인은 아나율이 전하기 전에 이미 오쇠상五衰相을 보고 부처님 열반을 예견하였다. 첫째 머리 위에 꽃이 시들었고, 둘째 겨드랑이에 땀이 났으며, 셋째 이마 위에 광명이 없어졌고, 다섯째 항상 거처하던 장소에 싫은 생각이 났다는 것이다. 그리고 그날 밤 꿈에 다섯 가지 상서롭지 못한 일을 보았다는 것이다. 첫째 수미산이 무너지고 대해수大海水가 말랐으며, 둘째 모든 나찰이 날카로운 칼을 들고 모든 사람의 눈을 뽑았으며, 셋째 욕계와 색계의 천인들이 문득 보배로 된 관冠을 잃고 영락이 떨어지고 몸의 광명이 없어 검게 보였으며, 넷째 여의주가 높은 집에서 항상 세상을 비추는데 네 마리의 독룡毒龍이 입으로 불을 뿜고 당幢과 번幡을 넘어뜨리고 여의주를 삼켰으며, 다섯째 다섯 마리의 사자가 공중으로 날아와 마야부인의 왼편 가슴으로 들어와 칼로 베는 듯 아픔을 느끼면서 꿈에서 깨어났다는 것이다.

마야부인은 아나율에게

"이제 아나율 네가 와서 여래의 열반 소식을 말하니, 세간은 눈
을 잃은 것 같으며, 인천의 대중은 복이 다하였구나."

하였다. 아나율은 부처님의 사촌 동생으로 아누루타이다. 부처님이
성도 후 6년 만에 카필라성을 찾았을 때 우바리와 함께 출가한 제자
로 부처님의 십대제자 가운데 천안제일天眼第一이다.

아나율

아나율은 과거 생에 가난하여 피죽을 겨우 먹고 살았는데
어느 날 벽지불에게 먹던 피죽을 공양한다. 그 공덕으로 91
겁 동안 천인으로 태어나 즐거움을 얻고 인간 세상에서는
가난이 없는 자[無貧者]로 살게 되므로 아나율이라 이름한
다. 아나율은 잠이 많아 정진을 잘하지 못하였다. 부처님으로부터

"출가 후에 잠을 많이 자면 축생과 같다."

는 꾸지람을 듣고 분한 마음으로 7일간 잠자지 않고 뜬 눈으로 정진하였다. 이
때 두 눈이 멀게 되었다. 이 정진의 공덕으로 눈 없이 시방세계를 볼 수 있는
천안(天眼 = ivya-cakṣus)을 얻은 것이다. 눈이 있음에도 부처님의 열반을 모
르는 아난다에게 아나율이 부처님의 열반을 알린 것이다.

다비장의 모습

부처님의 법신을 안장한 보관寶棺 주변에 500겹의 천막을 두르고 향과 꽃을 공양하여 만다라 세계를 만들었다. 이렇게 6일간 공양을 하였다. 7일째 보관을 화장장으로 옮겼다. 쿠시나가라 말라족 사람들은 복을 욕심내는 마음이 치성하여 보관 운구의 공덕을 독차지하기 위하여 자기들만이 보관을 옮기고자 하였다. 처음 4명의 역사가 옮기기로 하였으나 보관은 움직이지 않았다. 다시 8명의 역사가 움직이려 하였으나 마찬가지였다. 다시 향과 꽃을 공양하고 예를 다하면서 16명으로, 다시 32명으로, 다시 64명이 보관을 옮기고자 하였으나 움직이지 않았다. 그때 아나율이 대중에게 말하였다.

> "사사로운 욕심으로 보관을 옮기고자 한다면 쿠시나가라 전체 사람의 힘이라도 움직일 수 없을 것이다. 모두 마음의 욕심을 버리고 자비한 마음으로 부처님의 열반의식을 행하여야 할 것이다."

이 말에 모두 마음의 욕심을 버리고 청정한 마음으로 향과 꽃을 공양하였다. 그리고 8명의 역사를 선발하여 보관을 운구하였다. 말라족 사람들은 성안의 거리마다 물을 뿌리고 향을 피웠다. 부처님의 보관은 쿠시나가라성 동문을 통과하여 서문으로 남문으로 중앙으로 돌면서 전체 말라족이 꽃과 향을 공양 올리고 북문으로 나와 성 밖 교외에 있는 천관사天冠寺=마쿠타 반다나=부처님의 보관을 뜻함에 안치하여 공양을 올렸다. 보관에 아난다의 집전으로 쿠시나가라 성안의 4대 역사가 횃불을 가지고 불을 붙이고자 하였으나 불이 붙지 않았다. 일주일을 불을 붙이고자 하여도 붙지 않았다.

이때 마가다국에서 부처님 열반의 소식을 들은 마하가섭이 500명의 권속과 함께 쿠시나가라로 왔다. 마하가섭이 도착하여 부처님 보관을 오른편으로 3바퀴를 돌고 보관 아래쪽에 합장하고 섰다. 이때 부처님 두 발이 보관 밖으로 나왔다. 마하가섭은 부처님 발에 이마로 예를 올렸다. 발은 다시 원래대로 되었다. 이것이 마하가섭에게 전법하는 곽시쌍부槨示雙趺이다. 마하가섭은,

"인천人天의 불로서는 여래를 태울 수 없다."

하고 보관 아래에서 선정에 들었다. 잠시 후 부처님은 화광삼매火光三昧의 불로 보관 속에서 불이 일어나 속을 먼저 태우고 밖으로 번져 7일간 탔다. 자연발화自然發火한 것이다. 보관이 다 탈 무렵 비가 내렸다.

부처님의 사리 분배

쿠시나가라 국왕은 '부처님이 이곳에서 열반하셨으니, 사리śarīra＝舍利는 우리가 모신다.' 말하였다. 말라족 사람들이 부처님의 유골을 거두어 집회장으로 모셔 두고 무장한 병사들에게 지키도록 하였다. 1주간 많은 사람들이 사리에 꽃과 향을 공양하였다.

　　이러는 사이에 주변의 7개국 국왕들은 부처님의 사리를 서로 모셔가고자 대신들을 파견하였다. 서로 모시고자 고집하여 전쟁 직전까지 가게 되었다. 이때 향성香姓바라문이 중재하여 사리를 8등분으로 모시도록 하였다. 사리를 모시기로 한 나라는 마가다국 아사세왕, 바이샤리 릿차비족, 카필라성 석가족, 비류재국 바라문중, 라마가국 구리족, 차라파국 발리족, 파아바국 말라족, 쿠시나가라 말라족이며, 핍팔리촌의 코올리아 족은 타고 남은 숯을, 향성 바라문은 사리를 담았던 병을 가졌다. 각국으로 돌아가 탑을 세웠다. 8개의 불사리탑과 1개의 병탑과 1개의 회탑을 세워 각각 공양 공경하였다. 열반 당시에 분배하여 세운 사리탑은 현재 남아있는 탑은 2곳뿐이다. 네팔 남쪽경계 피프라와Piprāvā에 있는 것으로 카필라국에서 세운 탑과 바이샤리 아비세카 푸스카루니 연못 근처에 있는 스투파이다[이곳도 발굴되어 사리는 어디에 모셨는지 모르고 유물만 박물관에 전시되어 있다]. 그 외의 것은 아소카왕이 6곳의 사리탑을 열어 인도 전역에 사리탑을 세웠다. 치아와 정골正骨 사리 일부는 아들 마힌다에 의하여 사자국에 모시게 하였다.

사리에 관하여는 여러 가지 설이 있다. 사리는 유골遺骨을 말하는 것이다. 구분하여 몸 부위를 사리, 구슬 모양의 사리, 인사리 등이 있다. 구슬 모양의 사리는 정진의 업력이 모인 것으로 오색영롱한 빛을 발하는 것이며, 인人사리는 사람의 모양을 닮은 사리를 말한다. 몸 부위별 사리로 치아사리, 지指사리, 두골 부분, 어깨 부분, 발목 부분 등을 모두 불사리라 한다. 경전상으로는 석가모니부처님 사리는 크게 3등 분하여 천天, 용왕龍王, 인간이 각각 모시기로 하였다. 제석천이 불아佛牙를 모시는데 첩질귀捷疾鬼가 일과를 빼앗아갔다. 불법佛法이 사라질 때 부처님의 모든 사리는 용의 여의주가 되어 부처님 법을 보호하면서 다음 부처님이 오실 때까지 보관한다는 것이다.

지금의 열반당과 다비장

쿠시나가라 열반 처, 그 옛날 두 그루의 사라수가 있던 자리에 열반당이 있다. 당내에는 열반 당시 모습을 조성한 6.1m 거대한 와불臥佛의 열반상이 자리 잡고 있다. 열반 당시의 모습을 재현한 와불 하단 부분 왼쪽은 사위국 말리 왕비의 슬퍼하는 모습, 오른편에 아난다 존자의 모습, 중앙에는 열반상을 헌공한 하리바라 스님의 상이 조각되어 있다. 열반당 뒤에 아난 존자의 봉헌탑이 23m 높이로 세워져 있다. 열반당 주위에는 널찍한 사원터가 조성되었었다. 수많은 승방과 불탑이 있었던 터를 보고 번성했던 당시의 위용을 짐작할 뿐이다.

열반당 옆에 세운 스투파는 아소카왕 스투파 또는 열반탑이라 불리는데, 25m 높이로 비교적 원형이 잘 보존된 편이다. 1910년 탑의 내부에서 브라만 문자를 비롯하여 다비할 때 쓰는 장작더미와 숯, 불에 탄 흙 따위가 발굴되었다. 부처님 사리탑에서 동쪽을 보면

현재 사각형의 기단부만 남아있는데, 이는 아난다 사리탑으로 추정된다.

　　이곳 사원은 5세기 무렵 굽타왕조 때 건립했으나 13세기 이슬람군의 침공으로 불에 타 폐허가 되었다. 1876년 복원되었으며, 1956년 미얀마 승려들이 현재의 모습으로 재건했다. 발굴된 유물들은 미얀마 불교도가 건립한 마하팔리니르바나 사원에 모셔져 있다.

　　열반당 동쪽 16km 정도 떨어진 곳에 천관사[마쿠라 반다나] 다비장 라마브하르 스투파가 있다. 스투파는 서기 400년경에 굽타왕조 시대에 붉은 벽돌로 높이 46m로 쌓은 탑이다. 지금은 허물어져 10m 정도 높이만 남아있다. 주위에는 많은 봉헌탑들이 있다. 탑돌이 길에는 탑에서 떨어진 벽돌을 깔아 보행하기 편하게 되어 있었다.

　　이곳에서 서북방으로는 부처님이 마지막 목욕을 하신 히라니야 바티강이 유유히 흐르고 있으며, 고행의 극한 순간을 적나라赤裸裸하게 보이신 마지막 선정처도 가까운 곳에 있다. 불교유적지에 대

하여 국가가 많은 배려를 하여 성역화를 하고는 있으나 힌두교의 사상 때문에 크게 빛을 보지 못하는 것 같은 느낌이 들어 아쉬움이 있었다.

고오타마여!
싯다르타여!
아라한이여!
붓다여!
비로자나불이시여!

이제 그 자비 버리지 못하여
미래 중생에게 20년의 유음遺陰과
법신의 값진 사리를 남기시려
이곳에서 7보의 관과 함께
곽시쌍부의 최후설법을 남긴 체
알알이 살아있는 영원의 법 구슬을 남기신 님이시여!

다시 법신으로 환원하신 부처님!
이제 그 흔적을 후세에 남기고자
굽타왕조에 건립된 스투파를 돌며
반야심경과 육자진언으로 그 옛날을 생각하며
마음으로 불은佛恩에 보답코자 합니다.

●

부처님의 역사가 시작되는 쿠시나가라

성인이 이 땅에 오신 것도 중요하지만 가신 것은 더욱 중요하다. 싯다르타 태자로 오실 때[如來]는 인간으로 태어나, 6년 고행을 하신 다음 부처를 이루었다. 바라나시로 가시면서[如來] 보살로 바뀌었다. 화신불의 방편으로 45년 동안 설법하셨다. 쿠시나가라에서 보살로서의 역사는 끝났다. 열반으로 부처님의 역사가 시작된다. 불기佛紀가 시작된다. 이것이 법신 비로자나불로 환원한 역사가 시작된[如來] 것이다.

　　부처님의 역사는 부처님이 직접 쓰시는 것이 아니다. 남아있는 출가자와 재가자가 마음 모아 신심으로 쓰는 것이다. 그러므로 부처님의 역사는 빛나게[如來] 하여야 할 것이다. 아름다우면서도 가장 깨끗한 역사. 그리고 가장 밝은 역사[如來]로 기록되어야 한다. 이 역사는 인도만 남긴 것이 아니라, 전 세계 각국에 남겨야[如來] 한다. 역사를 잘 쓴다는 것은 출가자는 수행에 전념하고 재가자는 삼보호지三寶護持에 최선을 다하는[如來] 것이다. 일이 있을 그때마다 가르쳐 줄 불보살의 형상[如來]은 이제 볼 수 없다. 오로지 남긴 말씀과 그분의 발자취만이 있을 뿐이다. 우리 스스로 모든 일을 헤쳐나가야 한다. 수행자는 해탈과 열반과 성불을, 재가자는 부처님의 형상을 조성하고 사리의 탑을 모으며, 법당을 세우고 단청하며, 발자취를 그림으로 경전으로 결집하면서 부처님의 일생의 좋은 날들은 경축일로 기록하는 불사를 짓는 것이다.

　빛나야 할 부처님의 역사가 2,500여 년을 흘러오는 중에 흥망성쇠가 있는 역사로 변하였다. 그 아픔의 흔적들이 4대 성지에, 8대 성지에 그대로 붉은 벽돌로 남아있다. 폐허의 모습으로 남아있다. 다시 돌이킬 수는 없지만, 오늘 이후로는 어찌해야 할 것인지를, 수행자는 재가자는 각각의 위치에서 생각하며, 영원불멸의 부처님 정법이 어찌 인간의 법과 같이 흥망성쇠가 있을 수 있겠는가. 두 번 다시 흥망성쇠가 있으면 아니 될 것이다.

열반한 후 중생에게 주는 교훈 1.

중생이 필요로 하면 언제든지 가르침을 내릴 성인은 오신다. 과거 3불이 그러하였고如是, 현세의 석가모니불이 그러하며如是, 그 뒤를 이어 용수가 그러하고如是, 달마가 그러하며如是, 육조혜능이 그러하고如是, 진각성존이 그러하다如是. 부처님은 4성제법과 8정도를 중심으로 6바라밀의 보살도를 가르쳤고如是, 용수는 대승법을如是, 달마는 선법을如是, 육조는 심인법을如是, 진각성존은 참회 중심의 진언법如是을 전하였다.

2,500여 년 흘러오면서 부처님의 순수한 진리의 법이 많이도 바뀌었다. 말씀을 받아들인 사람들이 옳게 받들지 못하여 때로는 불상을 팔고, 탑을 팔고, 승을 팔고, 가사와 발우를 팔기도 하면서 불자의 본분本分을 잃어버리고 기복祈福 방향으로 흐르고 있었다. 진각성존은 기복으로 흐름을 안타깝게 생각하면서

> **"기복하지 말라. 불상을 조성하는 참된 의미를 모를 바에는**
> **무불상無佛像으로 하라."**

는 말씀과 함께 화려한 법당이 아닌 마음을 찾아 작복作福 하는 장소

[心印堂]를 세워 생활 속에서 '시시불공時時佛供 처처불공處處佛供'할 것을 전하였다.

중생의 생각으로는 2,500여 년이 길게도 느껴질 수 있다. 그러나 도솔천에서 7일째가 되는 아침이다. 이제 새로 시작하는 도솔천의 제2주 첫날 아침이므로 7일 불공을 중심으로 말씀하셨다. 지나간 1주일의 시간을 소중히 받아들여 다시 용맹심을 일으켜 참회 정진하는 법을 전하신 것이다.

법신 비로자나불이 중생의 원력에 응답으로 사바세계에 인간으로 태어났다. 부모의 아들로서, 국왕의 태자로서, 수행자로서, 깨달은 자로서, 교화하는 보살로서 일대사 인연을 보이고 마지막 열반 모습까지 보였다. 법신은 본래 생로병사가 없고, 출가·수행·성도·열반이 없다. 모두 방편의 출생, 방편의 출가, 방편의 수행, 방편의 성불, 방편의 설법, 방편의 열반일 뿐이다. 법신불로부터 받은 사명을 완수하고 법신으로 귀향하였다. 석가모니불은 영원히 만날 수 없다. 남기신 법만이 존재한다. 다음에 만나는 불佛은 미륵불이다. 사바세계가 아닌 용화세계에서 …… 자신의 마음을 깨달아보라!

교훈 2. 두 그루 나무와 20년의 유음遺陰

석가모니불은 쿠시나가라에서 열반할 때 두 그루의 사라sāiavṛkṣa 나무 사이에서 열반하셨다. 두 그루 나무는 법신과 화신, 생과 사, 중생과 부처, 현재와 미래를 의미하며, 제1 결집 이후 상좌부와 대중부, 소승불교와 대승불교, 밀교와 현교를 의미하는 것이다. 모두가 하나의 뿌리에서 나왔음을 보여주는 법문이다. 뿌리가 살아 있는 나무는 해가 바뀌면서 잎이 바뀌고 꽃이 바뀌고 열매가 바뀌어 항상 새로운 나무로 나타나듯이 불교도 언젠가는 흥하게 일어날 것이다. 이곳에 4방에 각각 쌍수로 여덟 그루 사라수가 있었다. 열반할 때 4그루는 시들고 4그루는 무성하였다고 전해진다. 시들은 4그루는 부처님의 사대육신을 의미하며, 무성한 4그루는 부처님의 남긴 사성제四聖諦와 사성지四聖地 = 탄생지, 성도지, 초전법륜지, 열반지를 뜻한다. 사성지의 모습이 흥하면 불법도 흥하고, 황폐하면 불법도 황폐하게 된다는 법문을 보인 것이다.

성자聖者는 두 그루 나무와 관련이 있다. 예수의 십자가, 공자 사당의 두 그루 은행나무 등이 모두 같은 맥락에서 이루어지는 법문이다. 중국에 선종을 전한 보리달마菩提達磨는

"두 그루의 계수나무가 그늘을 드리움에 한 송이 상서로운 꽃이 피어나리라兩桂垂陰 一華現瑞."

는 전법게傳法偈와 선종의 미래를 예언한 다음의 게송을 남겼다.

"내가 본래 이 국토 온 것은, 법을 전해 미혹한 중생을 제도하기 위함이라. 한 송이 꽃에서 다섯 잎사귀가 나고一花開五葉 열매를 맺음이 저절로 이루어지리라結果自然成."

달마스님 이후 중국에서 불교가 선종禪宗으로 새롭게 일어났다. 여기서 두 그루의 계수나무는 인도와 중국을 의미하고 한 송이의 꽃은 선종을 뜻한다. 한 송이의 꽃에 잎이 다섯이라는 뜻은 두 가지 가르침이 있다. 달마스님의 선법이 다섯 번째 받은 자는 새로운 법의 열매를 맺는다는 것이며, 다시 두 거목이 출현하고, 그 두 거목에서 다섯 잎의 선종화가 피어나 그늘을 드리운다는 것이다. 둘에서 다섯으로 이어지고 다시 둘로 나누어졌다가 또다시 다섯이 되는 반복의 법칙이 계속되는 것이다.

진각성존의 초전법륜지 계전桂田의 이송정二松亭도 마찬가지다. 법신과 화신이 나누어지고, 1불의 법신에서 5불이 출현하며, 오불에서 다시 심인心印＝약불과 진리眞理＝서남법로 나누어지는 것이다. 다시 두 밀교의 두 종파로 나누이고, 죽비竹篦 하나로 5도 전법을 이루는 흐름의 법칙이 반복된 것이다. 이것은 부처님과 진각성존의 일대사인연에 감추어진 당체법문當體法門이다.

부처님은 도솔천에서 인간 세상에 몸을 나타내실 때, 100년을 머물 것을 약속하고 오셨다. 도솔천 하루가 인간 세상의 400년이다. 인간계 100년은 도솔천에서 아침 공양하시고 다시 점심 공양하는 시간 사이다. 도솔천 삶으로만 보면, 부처님은 인간 세상에서 공양하시지 않아도 된다. 그러면서도 우리와 꼭 같이 공양하신 것은 인간의 모습으로 보여주기 위한 하나의 방편의 모습이었다. 그러나 부처님은 100년을 모두 채우시지 않고 20년을 남겨두고 열반하셨다. 사바세계에서 남은 마지막 인연 수발다라를 제도하시고 20년 받을 부처님의 공덕을 중생들에게 남기고 일대사인연을 끝내셨다.

부처님 열반 후 남아있는 중생은 석가모니불이 직접 제도할 인연이 아니다. 보리수로, 사리로, 스투파로, 등상불로, 경전으로, 그림으로, 설화로 제도할 인연만 남겨두었다.

　성불의 수기도 석가모니불이 줄 수 있는 자에게는 모두 주었다. 성불 수기를 받지 못한 수행자는 장차 오실 미륵불에게 받을 인연이다. 부처님이 받으실 20년의 공덕은 실로 헤아릴 수 없이 불가사의하여 중생들이 받는다면 미륵불이 탄생할 때까지 쓰고도 남을 것이다. 부처님 열반 후 지금까지 모든 불제자가 받은 음덕만 보아도 알 수 있다. 사원을 보라! 산수 좋은 곳, 궁궐같이 세워진 넓은 땅에 전각들, 세상에 어느 궁전이 이만하겠는가? 출가하여 수행하지 않고 가사만 둘러도 삼보로 존경받으며, 유리알처럼 반짝이는 장판, 굶주림 없는 삶을 살 수 있다. 가르침대로 정진했다면 승려가 억압받거나 비방 받지는 않았을 것이며, 사찰이 황폐하지는 않았을 것이다. 부처님 성지에 깨어진 붉은 벽돌들이 뒹굴지는 않았을 것이다. 게으름피운 것을 참회하며, 남기신 20년의 공덕에 고개 숙여 합장 올리고 쿠시나가라를 떠난다.

"자비한 가르침에 머리 숙여 합장합니다!"

VIII
폐허 속에 묻힌 진리의 꽃
나란다대학

불교는 수행으로 나타난다. 학문이 융성하면 보이지 않는다. 나란다대학이 알려주는 교훈이다. 초지에 초석을 놓은지 1,000여 년에 완성된 대학. 찬란하게 꽃 피운 600여 년 시간 속에 용수·용지·금강지·선무외·불공이 머물던 곳이었지만, 13세기 권력 외도의 침입으로 역사 속에 묻혔다. 600년 붉은 벽돌로 우리 앞에 나타난 나란다대학. 다시 일어나자, 새로운 나란다로!

나란다대학의 설립

"거룩한 부처님께 귀명歸命합니다."

사리불과 목건련의 고향 나라마을에 있는 나란다Nalanda는 중인도 마가다국 왕사성에서 북쪽으로 13km 정도 거리요, 파트나에서는 90km 정도 거리의 남쪽에 있는 사원이다.

'나란다'란 이름은 이곳 남쪽에 암마라 숲이 있다. 숲속에 연못이 있고, 그 연못에 살던 용nāgānanda의 이름을 딴 것이 나란다라는 지명으로 된 것이다. 암마라 숲과 연못을 500명 상인이 구입하여 부처님에게 보시하였다. 부처님은 이 숲에서 한철을 안거하면서 설법하여 500명 상인이 모두 아라한과를 얻었다. 나란다 용이 살았고, 한 번에 500명이 아라한이 된 땅, 암마라 숲 주위는 인재人才가 나타나는 길지吉地로 소문이 나서 역대 왕들이 이곳에 사원을 지었다. 이 지역에서 자이나교주 마하비라도 14번 안거한 지역이다. 부처님이 마지막 열반의 여행길에도 잠시 이곳에 들려 사리불과 목건련의 탑을 보고 지나갔다.

암마라 숲에 마가다국의 아사세왕이 부처님보다 먼저 열반에 든은 사리불과 목건련을 생각하면서 처음으로 사리탑을 세웠다. 인도를 통일한 아소카왕도 사리불과 목건련의 지혜와 신통을 본받은 좋은 땅에 승원을 세워 수행승과 학승을 머물게 하였다. 그 이후 많은 왕들이 인재人才를 얻기를 서원하면서 승원의 전각들을 세웠다.

　　굽타왕조 제1왕A.D.407 때부터 본격적으로 시작하여 쿠마라굽타童護=415~454시대에 14개의 승원이 완성되면서 승원의 건물은 3층 또는 4층으로 거대한 대학이 된 것이다. 굽타왕조 월호왕月護王은 중앙에 사원, 각호왕覺護王은 남쪽에 사원, 여래호왕如來護王은 동쪽에 사원, 마가다국의 유일왕幼日王=528은 동북쪽에 사원, 칸야쿱자 국의 계일왕戒日王=606이 남쪽에 유석鍮鉐정사를 세웠다. 그 후 과거 7불의 좌선처인 서북쪽에 탑, 동쪽 청동입상불, 부처님이 7일 동안 법을 설한 동북쪽에 탑, 관자재보살 정사 북쪽에 90m 높이의 대탑과 높이 25m 6층의 중각을 세웠으며, 860년에 발라데바Baladeva 왕이 보드가야의 불상과 같은 불상을 모셨다.

　　웅장하면서도 화려한 대학, 3만여 평의 건물을 세우면서 보수와 증축이 거듭되었으며, 그중에 가장 뛰어난 것은 제3 승원의 사리불탑이다. 제13 승원은 주물을 녹이는 용광로도 있었다. 이곳에서 제작된 입체적이고 섬세한 불상을 학승의 방마다 모셨다. 대학 둘레는 높은 담장으로 둘러싸였다. 동문과 서문 사이 직선거리가 10여km 정도이며, 남과 북의 거리가 5km 정도로 한 바퀴 거리가 40여km 정도나 되었다. 아소카왕이 시작하여 쿠마라굽다 때 이르러 완성된 대학은 1,000년의 긴 시간에 걸쳐 이룩되었으며, 다시 600년 동안 이곳에서 불교 문화의 꽃을 찬란하게 피우게 되었다.

대학운영을 보면, 학생은 모두 승려들이며 외국에서 온 승려는 모두 대덕의 위상을 지닌 유학승으로, 한국·중국·일본·태국 등지에서 왔다. 외출을 금하면서 오로지 수행 정진과 연구에 몰두하였다. 인도 자체가 더운 나라인데도 학승들은 불편함 없이 공부할 수 있도록 시설이 잘되어 있었다. 많은 고용인까지 거느리고 있으며, 운영비는 동인도를 지배하던 팔라왕조의 보호 아래 이루어졌다.

중앙의 승원을 중심으로 100여 명이 생활하는 각각의 승원이 있고, 승원마다 각각의 수학처, 수도처, 목욕실, 교수식당, 학승식당, 강의실, 토론장이 별도로 있었다. 1실 2명의 학승이 사용하도록 침대가 둘씩 놓여 있고, 문을 마주 보는 벽에 함실을 만들어 불상을 모시고 법구까지 갖추어 있어 언제든지 기도할 수 있도록 하였다.

대중이 많을 때는 객승과 합하여 1만여 명의 학승이 있었으며, 교수는 1500여 명이 머물렀다. 뛰어난 학덕과 청정계율을 지키는 대덕승 교수들이 대승경전·소승18부·밀교·베다·철학·종교·예술 등 다양한 학문을 가르치는 종합대학이었다. 매일 강좌가 이루어지고 토론장에서는 모든 분야를 자유롭게 토론하였다.

교수는 4~5명의 제자를 지도하였으며, 제자들은 언제든지 교수님에게 질문하여 모든 문제를 해결할 수 있는 제도로 운영하였다. 순수한 부처님의 법이 1,000년을 흐르면서 국가와 지역과 민족에 따라 전해진 법이 혹 잘못 알고 익혔던 법과 잘못 전한 법을 바른 방향으로 지도하고 가르쳤다. 그러면서 보다 진보적이고 발달한 불교를 지향하면서 화신불의 사상에서 법신불의 사상으로, 소승에서 대승의 교리가 발달하였다. 용수는 이곳에서 불교를 배워 대승의 논사論師가 되었으며, 남인도 나가르주나로 들어가 대승사상을 전파하면서 사자국師子國＝스리랑카에서 일어났던 밀교를 정리하여 다시 이곳으로 전하였다.

나란다대학에 들어온 밀교는 700년을 살았다는 용지龍智와 그의 제자 선무외善無畏·금강지金剛智·불공삼장不空三藏 등에 의하여 법신 비로자나불을 근본으로 하는 밀교 진언과 만다라가 형성되면서 미래의 새로운 불교가 일어나게 된 것이다. 이곳을 방문한 중국의 순례자들이 용지를 달마국다達摩鞠多라 하기도 하였다. 용수 이후 100년 뒤에 아상가無着＝310~390, 바수반두世親＝320~400, 아리아데바聖天에 의하여 중관中觀과 유식사상唯識思想이 이곳에서 일어났다. 호법護法·호월護月·덕혜德慧·견혜堅慧·광우光友·승우勝友·지공指空·지파가라地婆訶羅 등이 수학하였으며, 중국의 도림·현조·도생·안도·지홍과 신라의 아리아발마·혜업·혜륜·혜초 등이 모두 이곳에 있었다.

나란다대학은 한때, 밀교 학문의 본거지라 불리는 비크라마쉴라 대학의 통제를 받아 약간 위축되기도 하였다.

나란다대학 제3승원 터

●

밀교 중심 대학 비크라마쉴라

비크라마쉴라Vikramaśila 승원은 밀교 중심 대학이다. 바가르푸르시 가까이에 있으며, 마가다국 북방 갠지스강 남쪽 비크라마쉴라 언덕에 세워졌다.

비크라마쉴라 대학은 8세기 팔라왕조 제2대 다르마 팔라法護 왕이 50여개의 사원을 세운 것 가운데 하나이다. 한역으로 초계사超 戒寺 또는 초행사超行寺라 하였다. 나란다대학과 팔라왕조의 고팔라 왕이 건립한 오단타푸리Odantapuri 승원, 바즈라사나Vajra sana 승원과 함께 4대 불교대학으로 유명하다. 이곳도 처음부터 대학이 된 것은 아니다. 나란다대학처럼 승려들이 모여들면서 학문을 연구하고 논하는 연구소로 시작하여 대학이 된 것이다.

중앙에 불당을 세우면서 네 모퉁이에 소탑을 세우고 벽면은 불 보살상을 조각하였다. 불상은 사르나트 대탑의 조각상과 같은 상이다. 서쪽으로 늘여 세운 3개의 승원에는 연화수보살·금강수보살·문수보살상을 본존으로 안치하였다. 주위에 진언을 중심으로 50

개의 전각을 세웠으며, 54개 일반 전각을 지어 총 108개의 각 전각에 교수 승 1인을 둔 밀교중심 사원이다.

베야팔라 왕시대에는 경론을 통달한 고승이 6명 있었다. 이를 6현문賢門이라 하였다. 동문에 라트나 카라샨티950~1050와 티베트 밀교를 개혁한 아티샤982~1054, 남문에 프라즈냐 카라마티, 서문에 바기슈바라기르티, 북문에 나로파, 제1 중문에 라트나 바즈라, 제2 중문에 즈냐나수리미트라 등이 학승을 지도하였다.

8세기 캐시미르 출신인 샤키야슈리가 좌주로 있을 때 이슬람 침략으로 사원이 파괴되고 승려들은 학살되었다. 이때 사원은 흔적도 없이 사라졌다. 지금은 위치조차도 찾지 못할 정도로 사라졌다.

이외에도 밀교승원 대학으로는 11세기 중엽에 라마팔라왕이 건립한 판디타 사원은 지금 방글라데시 치타공에 있었고, 소마푸라 승원대학은 벵갈지역에 있었다. 현재 모두 승원의 터만 남아있다.

●

파괴된 나란다대학

폐허가 된 나란다대학 터를 바라본다. 나란다대학은 하루아침에 완공되고 하루아침에 무너진 대학이 아니다. 성립과 흥왕에 1,000여 년이 소요되었으니, 600여 년을 흥왕하다가 파괴된 것이다.

7세기에 일어난 회교가 8세기에 인도 서북경계에 침입하여 남하하는 중에 회교의 장군이 사망하면서 침공이 중단되었다. 10세기 말에 다시 침공하여 인도의 여러 국가가 단합하여 물리치고자 하였다. 25년간 17차례 침공받았다. 그 후 이슬람의 가즈니왕조의 고르Ghor왕 때 무하마드 장군이 북인도를 침공하면서 인도의 단합했던 모든 왕조가 하나씩 무너지면서 중앙부를 점령하여 1206년 델리에 수도를 정하고 회교국을 건설하였다. 마지막으로 마가다의 서나犀那왕조가 무너지면서 인도교와 불교를 학대하기 시작하였다.

이슬람의 고르왕조는 우상을 혐오하여 아프카니스탄, 간다라, 캐시미르의 모든 불상의 얼굴을 깎아버리고 목을 자르거나 사원을 파괴하였다. 1235년 나란다대학을 파괴하면서 승려들을 학살하고 경전을 불태우고 승원과 탑 등을 파괴하고 불 질려 6개월간 탔다고 하였다. 불교를 믿는 신도까지 해치면서 불교를 전멸시키고자 하였다. 겨우 살아남은 승려들은 벵갈지방에 피신하여 불교를 전하였으나 크게 번영하지는 못했다. 나란다대학을 파괴하는데 300여 년이 소요되어 지금의 모습으로 남은 것이다. 나란다대학이 파괴되면서 인도불교도 함께 사라진 것이다.

당시 공부하던 학승과 교수들을 붉은 벽돌 건물 담장 밖으로 끌어내어 일렬로 세워놓고 몰살했다는 비참한 기록이 남아있다. 스님들이 희생된 동문 담장 주변에는 지금도 이름 모를 붉은 꽃이 피어 옛날 스님들이 흘린 순교의 피를 보는 듯 가슴이 아프다. 이슬람교가 들어오면서 세계 최초의 불교대학은 그렇게 파괴되었다. 승려들 가운데 일부는 그곳을 떠나 가까운 곳의 사찰로 피신하여 위급한 상황을 알렸다. 이 소식을 접한 승려들은 모든 승원의 스투파를 흙으로 덮어 동산을 만들었다. 높이 54m 보드가야 대보리사의 스투파도 하루 밤사이에 승려와 신도의 손에 의해 흙더미 속에 파묻혀 600여 년을 보냈다. 승려들은 소중한 것들을 모두 흙으로 덮어 보존하게 한 뒤 북쪽으로 피난을 떠났다. 그중에 제납박타 Dhyānabhadra 스님은 1324년 부처님 사리와 함께 범본경을 가지고 중국으로 들어왔다가 다시 1326년고려 충숙왕13에 들어왔다.

나란다대학 파괴 600년이 흐른 뒤, 1861년 영국의 커닝엄Sir Alexander Cunningham이 사지寺址를 발견하고 1915년 인도와 영국 정부가 체계적으로 발굴 조사하기 시작하였다. 나란다대학의 유적은 현재까지 $\frac{1}{10}$ 정도 발굴되었다.

발굴된 유적지는 가로 11km, 세로 5km 정도이며, 중앙 부분은 남북 610m, 동서 250m로 약 4만 6천여평, 11동, 사원 5곳, 높이 30m 대탑 등이다. 건물벽 두께는 160cm이다. 밀교 계통의 관자재보살상·보현보살·금강수보살·대흑천·마리지천·항삼세명왕·천신 등의 상들이 발견되었다.

유적지 한쪽에는 사리불의 웅장한 사리탑이 남아있으며, 목건련의 사리탑은 아직 발굴되지 않았다. 섬세하게 조각된 상들이 지금도 허물어진 벽돌 더미 속에 묻힌 체 숨 쉬고 있을 것이다. 인도의 고고학박물관에 이곳에서 발굴한 수많은 보물이 전시돼 있다.

나란다대학이 파괴될 무렵 영국에 옥스퍼드대학이 설립됨으로써 세계 문화의 중심축은 유럽으로 넘어갔다. 유럽으로 넘어간 문화의 중심축이 다시 인도로 돌아와야 할 것이다. 20세기 들어 과거 인도의 황금기를 이어받아 아시아의 미래를 주도적으로 이끌어 가려는 움직임이 있었다. 바로 나란다대학 프로젝트이다. 이 일을 하기 위하여 동참한 나라는 한국·중국·일본·오스트레일리아·뉴질랜드로 대부분 불교의 영향력이 강한 나라들이다.

인도에서 발원한 불교가 5세기 무렵 세계종교로 전파되면서 아시아 여러 나라의 문화와 문화를 이어주는 촉매 역할을 했던 나란다대학이 다시 그 옛날 영광스럽던 날이 오기를 서원하면서 유적지 남쪽에 신新 나란다대학을 세워 옛 나란다대학의 영광을 찾으려고 200여 명의 석학과 15명의 전문연구원이 활동하고 있다. 이제 다시 나란다대학이 일어서는 날 인도뿐만 아니라, 전 세계에 불교가 일어날 것이다.

나란다 대학 동문 붉은 담장(위 사진) 너머에선
현재까지도 발굴작업이 한창이다.

사리불과 목건련의 인연지 '나란다'

사리불과 목건련은 부처님께서 열반한다는 소식을 듣고 부처님의 열반을 불 수 없다면서 3개월 전에 먼저 열반에 들고자 하였다. 목건련이 왕사성에 들어가 걸식을 하는 중에 집장범지執杖梵志들이 보고 '부처님의 뛰어난 제자이다' 하면서 범지 무리들이 집단으로 목건련을 구타하여 죽음에 이르게 하였다. 죽어가는 몸으로 기원정사에서 수행하고 있는 사리불에게 알렸다. 사리불은,

"그대는 신통이 제일인데 어찌 피하지 않았는가?"

목건련은,

"나는 숙세의 지중한 업 때문에 신神자도 생각하지 못했는데 통通자가 생각나겠는가? 나는 이제 곧 죽는다. 몸이 매우 아프다. 이제 그대에게 떠난다는 것을 알리러 왔다."

사리불은,

"조금만 기다려라, 내가 먼저 열반할 것이니."

사리불은 부처님을 하직하고 고향인 나라마을로 갔다. 바라문 친척과 고향 사람들에게 마지막 법을 설하고 열반하였다. 사리불의 열반 소식을 들은 목건련도 부처님께 하직하고 고향 나라마을로 돌아왔다. 아사세왕이 이 소식을 듣고 범인을 찾아 죽이기로 하였다. 그러나 목건련은 만류하면서

"숙세에 지은 나의 업연業緣으로 일어난 일이니 아무도 대신
받을 수 없는 것이므로 저들을 용서하라."

아사세왕은 범인들을 추방하였다. 목건련이 열반한 후 제자들이 그들을 찾아 죽였다. 아사세왕은 사리불과 목건련을 기리기 위하여 이곳에 사리탑을 세워 공양하였다. 이것이 나란다사 건립의 시작이다. 기원정사에 계시는 부처님은 사리불과 목건련의 열반 소식을 듣고 두 제자의 전생 업에 관한 말씀을 하였다. 사리불의 과거 생의 인을 보면,

옛날 어느 나라 국왕이 독사에 물렸다. 독이 온몸에 퍼져 죽게
되었다. 이때 한 의사가
  "한 번 더 같은 뱀에게 물리면 몸의 독이 사라지게 될

것입니다."

왕은 주술사에게 뱀을 부르도록 하였다. 주술사는 마당에 불을 피워놓고 뱀을 궁으로 불렀다. 뱀이 궁으로 들어오자 주술사는

"독사야! 다시 한번 왕을 물어라. 만일 물지 않으면 이
불에 들어가야 할 것이다."

그러자 뱀은

"내가 이 독을 토했는데 다시 거두어들일 수는 없다. 차
라리 불 속으로 들어가겠다."

라며 그렇게 불 속으로 들어갔다. 그때의 독사가 이 사리불이다. 한번 결정한 마음에는 변함이 없었다. 사리불은 부처님이 영축산에서 《법화경》을 설할 때 제일 먼저 원성실성圓成實性의 이치를 깨달아서 부처님으로부터 다음 생에 화광여래華光如來가 될 것이라는 수기를 받기도 하였다.

목건련의 과거생의 인연을 보면, 다음과 같다.

목건련의 전생 업은 과거 생에도 바라문의 아들로 태어났다. 아내에게 빠져 어머니에게 불효하였다. 어느 날 화가 난 어머니가 포악한 말을 하였다.

"어떻게 저놈을 힘센 장사가 때려죽일 수 없을까?"

어머니의 이러한 악한 말 한마디로 500생 동안 흘러오면서 항상 피살되었다. 이제 비록 깨달음을 얻었으나 아직도 남은 업이 있어서 그 과보를 받은 것이다. 모든 인과는 지음에 따라 결과가

다르게 나타난다. 생각 없이 하는 말과 악심을 품고 하는 말의 인과는 다른 것이다. 그리고 사람 따라 다르기도 하다. 비유하면, 임금의 말과 백성들의 말이 다른 것과 같다. 임금의 말은 곧 법이 되지만 백성의 말은 법이 되지 않는 것이다. 또 어머니의 말과 일반인의 말도 받는 과보가 다르다. 목건련은 어머니의 포악한 한마디 말로 인하여 그 아들은 500생 동안 화를 당하게 되고, 목건련은 어머니에게 불효한 과보가 수생 동안 이어졌다. 현생에서의 아버지는 화락천궁에 태어나서 무진 복락을 누리지만, 어머니는 무간지옥에 떨어져 갖은 고통을 받고 있었다.

목건련은 과거생의 불효의 업을 녹이기 위하여 매년 7월 15일 우란분 공양을 올려 그 공덕으로 어머니가 무간지옥에서 흑암지옥으로, 다시 공양하여 흑암지옥에서 축생보를 받았고, 다시 공양 올려 축생에서 천상에 태어나게 하는 효자가 된 것이지만, 죽음의 악연이 남아있어서 집장범지 무리들이 또 업을 짓게 된 것이다. 인과는 이처럼 한 치의 어긋남도 없다.

●

파괴가 주는 비로자나불의 당체설법장當體說法場

나란다대학은 대학이 될 수밖에 없는 인연의 땅이다. 부처님의 십대제자 중에 지혜제일智慧第一 사리불과 신통제일神通第一 목건련의 고향이다.

　　지혜를 얻고 나누는 데는 학문연구가 최고이다. 학문은 사상만 익히고 가꿀 뿐 아니라, 시대를 앞지르는 사상이 나와야 한다. 이곳에서 대승사상과 밀교 사상이 나오게 된 것은 목건련의 신통제일의 인연을 보여준 당체법문이다. 그러므로 모든 것을 아울러는 세계에서 가장 큰 대학이 설립된 것이다.

　　아쉬운 것은 영원하지 못하고 이루어진 시간만큼만 존재하였다는 것이다. 아사세왕이 초석을 놓은 이후 굽다왕조 제1왕이 본격적으로 짓기 시작한 뒤 600여 년을 흐르면서 완성된 대학은 600여 년간 찬란하게 지탱하면서 불교의 역사를 빛내고 파괴되었다. 이것이 사리불과 목건련이 부처님보다 먼저 열반한 인연의 업보이다. 다시 땅속에 묻혀 600여 년을 보내고 우리 앞에 폐허가 된 모습으로 나타난 것이다. 나란다대학이 옛 모습을 되찾으려면 다시 600여 년의 시간이 지나야 할 것이다.

비로자나불의 당체설법을 다시 한번 생각해 본다. 설립에서 흥왕으로, 그리고 파괴에서 다시 폐허로 보여준 나란다대학, 각국의 고승들이 정열을 쏟아 넣은 이곳이 왜 이 모양으로 변하였는가?

부처님의 가르침은 고행하고 수행하고 깨달음에 있다. 가야산정의 고행과 보드가야 대보리도량에서 깨달음을 얻은 뒤 7·7일간 선정하였고, 쿠시나가라로 열반 여행하면서 일곱 번 선정에 들었다. 부처님이 우리에게 정진하는 모습으로 보여주었다. 그런데 나란다대학이 설립된 이후 학문연구에 전념하면서 마음의 수행을 등한시하였다. 부처님 말씀의 본질을 버리고 말의 꼬리를 쫓는 연구로 몸이 편안하기에만 힘을 쏟았다. 결과로 학문적 성취를 얻어 존경받고 공양받을 수 있었다. 이것은 아라한으로 받을 수 있는 응공應供의 공양이 아니요, 학덕學德으로 받은 공양일 뿐이다. 진실법을 보이기 위하여 법계로부터 업둥이 마구니를 보내 파괴한 것이다. 지닐 수 없는 복을 가졌길래 파괴된 것이다. 파괴 과정에서 승려를 학살하는 것은 안타까운 일이지만, 그것 역시 당체법문임을 알아야 한다.

왜 불교가 탄압을 받고, 불교국가는 가난해지는가에 대해 사람들은 의문을 갖는다. 불자들은 특히 더할 것이다. 이에 대해 부처님께서는 다음과 같이 말씀하셨다.

> **"탄압받고 멸시를 당하는 것은 외부에서 오는 것이 아니요,**
> **내부에서 일어나는 일이다."**

부처님의 법을 바르게 전하지 못하는 것과 수행자의 수행이 바르지 못한 것이 원인이다. 다음은 아난다가 부처님의 열반 직전에 얻은 꿈에 대해 부처님께 여쭙는 대목이다.

> **"첫째 꿈에 큰 바다가 불에 타고 있었습니다."**
>
> **"이후로 들어오는 비구는 악惡이 치성할 것이다."**
>
> **"두 번째 꿈은 태양이 없어져서 사바세계가 캄캄하며 별도 보이지 않았습니다."**
>
> **"내가 열반한 후 모든 성인이 따라 열반하여 중생들의 눈이 멀어질 것이다."**
>
> **"세 번째 꿈은 비구와 비구니가 부정한 구덩이 속에 있고, 흰옷 입은 자가 머리를 내밀었습니다."**
>
> **"출가 비구가 죽어 지옥에 가고 재가자들이 천상에 태어난다."**
>
> **"네 번째 꿈은 멧돼지가 와서 전단나무를 뽑았습니다."**
>
> **"재가자들이 사원에 들어와 비구를 비방하고 탑을 파괴하고 승려들을 해칠 것이다."**

"다섯 번째 꿈은 머리에 수미산을 얹었는데도 무겁지 않았습니다."

"내가 열반한 후 아난다 네가 결집하면서 한 구절도 잃지 않고 외워낼 것이니라."

"여섯 번째 꿈은 큰 코끼리만 보이고 작은 코끼리는 안 보였습니다."

"사견邪見이 치성하고 나의 법이 파괴되며 덕이 있는 분은 모두 숨고 나타나지 않을 것이니라."

"일곱 번째 꿈은 사자왕이 머리에 일곱 개의 털이 있어 땅에서 죽어 있었습니다. 일체의 금수禽獸들은 두려워하는 가운데 사자 왕 몸 가운데 벌레가 나와 먹어버렸습니다."

"나의 법은 밖에서 파괴하는 것이 아니라, 나의 제자들이 나의 법을 사라지게 하는 것이니라."

이것이 부처님 열반 후에 일어날 당체법문이다. 인도에 이슬람이 들어와 불교의 사원과 승려들을 파괴 학살한 것도 우연이 아니다. 그리고 나란다대학에서의 발전한 부처님의 말씀들, 근본불교에서 대승불교로 다시 밀교로 개혁된 불교가 무엇을 뜻하는가? 비로자나불의 진실법으로 바르게 개혁하고 발전했다면, 부처님의 법은 영원히 빛날 것이며 법난法難은 없었을 것이다. 방편법에서 진실법으로 이어질 때 올바른 생각과 올바른 정진으로 실천 수행하였다면 파괴는 없을 것이다.

나란다대학 터에서 법문하는 필자

윤회의 법칙 → 영원한 것은 없다

천년의 정법과 상법 일부가 인도에서 사라지고, 상법이 단축되고 성큼 온 말법 시대, 다시 정법 시대를 맞이하려면 법신의 사상으로 돌아가야 한다.

사자국에서 일어난 밀교가 용수에 의하여 인도 나가르주나에서 정리되고 그것이 나란다대학으로 들어온 것은 현교顯教의 천년이 끝나는 시점에서 밀교密教의 천년의 정법으로 이어가라는 법을 보인 것이다. 방편을 구경으로 하는 화신불의 법이, 진실을 구경으로 하는 법신불의 가르침으로 이어질 때, 상법이 머무를 시기에 정법이 머물게 될 것이다. 새롭게 일어난 밀교 법을 바르게 받아들이지 않고 힌두교와 합쳐진 변형된 법으로 바꿨기 때문에 정법으로 돌아가기는커녕 상법의 천년도 채우지도 못하고 인도에서는 불교 자체가 사라지게 된 것이다.

비로자나불의 법문을 깨닫는다면 파괴된 나란다대학을 복원하지 말고 현재 상태로 두는 것이 좋을 것이다. 파괴한 채 600년을 땅에 묻혀 보냈으면, 복원도 600년 뒤에 해야 한다. 파괴된 사원이나 불탑들은 복원만이 능사가 아니다. 세월의 흐름으로 윤회하는 법칙에 순응할 줄도 알아야 한다.

물길도 천년이면 본래의 길로 흐른다는 옛말이 있다. 인간의 역사를 보라. 수 없는 나라가 성립되었다가 사라지지 않았는가? 어느 왕조가 다시 나라를 일으켜 세웠는가? 새로운 제도와 새로운 문화로 새로운 왕조가 일어나지 않았는가? 지금 시대에 나란다대학과 같은 기능이 필요하다면 새로운 인연 장소에 새로운 인연으로 짓기를 바랄 뿐이다. 모헨조다로를 보라! 그렇게 화려하고 질서정연하던 도시는 어느 순간에 땅에 묻혔다. 현재 발굴된 곳이 전부가 아니다. 제2의 모헨조다로는 현재 발굴된 곳 아래 묻혀 있을 것이요, 제2의 모헨조다로 아래는 또 제3의 모헨조다로가 묻혀 있을 것이다. 제1의 모헨조다로보다 제2가 모헨조다로는 더욱 화려한 모습이었을 것이며, 제2보다 제3이 더 화려하고 더 잘 정리정돈 된 신도시가 묻혀 있을 것이다. 이렇게 과거의 7불의 출현처럼 제7의 모헨조다로가 묻혀 있을 것이다. 우리는 지금 겨우 제1의 모헨조다로만 보고 있다. 이것이 역사의 순환이며, 순리를 따르는 인연 법칙이다.

사람은 가고 없는 나란다대학의 빈터, 우리는 이곳에서 무엇을 찾고 무엇을 알고 무엇을 배울 것인가? 정진수행으로 정답을 얻을 수 있을 것이다.

다시 나란다대학을 생각하며

이제 나란다대학은 연구하던 대학이 아닌 수행을 논하던 승원으로 보아야 할 것이다. 세계 각국의 열성파 승려들이 부처님의 발자취를 접하면서 부처님 생존 당시의 법을 배워가야겠다는 마음으로 입문하였을 것이다. 초발심으로 입문하였을 것이다. 법을 배우는 중에 잘못 전파한 부분들을 알았을 것이다. 순수한 부처님의 말씀이 장소 따라 민족 따라 흡수하면서 변색 된 부분이 있었음을 알았을 것이다. 방편이라는 편의주의가 또 하나의 법을 만들었다는 것도 알았을 것이다. 부처님이 중생을 위하여 3단계 낮춘 방편은 부처님의 방편이다. 이 방편을 구경이라 하였다. 그것은 보살의 법에서 삼승으로 낮춘 법에서 하는 말이다. 그런데 우리는 부처님의 방편에서 우리의 방편을 첨가하였다. 이것은 구경 방편이 아니다. 화려한 위용을 뽐내며 세계 최초의 불교대학으로 자리매김한 나란다대학에서 근본불교의 순수한 법만을 가르쳤다면 얼마나 좋았겠는가?. 가섭존자의 제1 결집처럼 정법만을 배우고 가르쳤으면 얼마나 좋았겠는가?. 수행이 아닌 학문으로 불교를 접한 것은 안타까운 일이다.

오늘날 어느 대학보다 훨씬 더 좋은 환경과 시설로 이루어진 대학에서 본 것은 건물과 환경의 발전이지 마음의 깨달음은 아니다. 물론 처음부터 잘못된 것은 아니었을 것이다. 정진하는 방법과 증득에 관한 부분들을 논하였다면 정말 좋은 대학이었을 것이다.

백론百論 12문론十二門論 중론中論 등이 발달하면서 깨달음을 분석하는 논사論師들의 토론장으로 바뀌어서 학문적 지식이 없으면 알아듣지도 못하는 난해한 부분들이 나타나기 시작하였다. 깨달음을 문장화文章化하려 할수록 난해한 용어가 도입될 것이다. 각 나라에서 교화하는 과정에서 생긴 잘못보다 더 큰 피해가 일어날 수 있는 것이다. 이것이 내부에서 일어나는 외도지마外道智魔이다.

진각성존께서 《금강경》을 보시면서 진언수행을 강조하여 경전 봄을 삼가도록 하였다. 이때의 경이란 논장論藏을 지칭하신 줄 알아야 한다. 깨달음은 말로 글로 표현할 수 없다. 만일 글과 말로 표현할 수 있다면, 왜 방棒을 휘두르고 할喝을 하고 진언으로 심인心印을 밝히라 하였겠는가? 주장자를 들고 할을 하고 진언 수행시대는 정상말 시대를 구분하는 것이 아니라, 중생이 살아가는 모든 시대에 속하는 것이다.

'빛이 강할수록 어둠 또한 깊어지리라.' 부처님 가르침은 수행에서 시작하여 수행으로 회향 되어야 한다. 무엇을 연구하여도 근본 뿌리를 손상하거나 본뜻을 바꾸는 연구는 용납할 수 없다. 나란다대학은 학문연구로 불교의 교리는 체계화하여 큰 발전시켰는지만, 수행실천을 소홀하게 함으로써 불교의 방향을 다른 방향으로 흐르게 하는 시발점의 장소가 되기도 하였다.

부처님의 가르침은 순수하여 정법이니 상법이니 말법이니 하는 구분이 없다. 언제나 정법 시대이다. 다만 받아들이는 중생들이 마음에 의하여 정상말正像末로 나누고, 수행의 깊이에 의하여 정상말이 나누어질 뿐이다. 싯다르타 태자가 우리보다 지혜롭지 못하여 6년간 난행 고행을 하였겠는가? 우리도 해탈을 바라고 열반을 구하고 성불을 원한다면, 싯다르타 태자처럼 육신의 학대는 깨달음과는 무관하다는 것을 알 때까지 난행 고행을 해보아야 할 것이다.

그리 오래 살지는 않았고 많은 법을 습득하지는 않았지만, 말씀을 해석하고 연구하여 깨달음을 얻었다는 소식은 아직 듣지 못했다. 만일 있다면 그것은 문리文理적인 깨달음이요, 자성을 밝히는 깨달음은 아닐 것이다.

다시 성지를 찾을 원願을 세우면서

어떠한 미사여구美辭麗句도 사용하지 않은 그대로의 말씀을 찾고자 하는 서원으로 4대성지와 8대성지를 다니면서 눈으로 보고 귀로 들으면서 발품을 팔았다. 그러나 중생의 마음은 견물생심見物生心이라. 보는 것 족족 가지고자 하고, 지니고자 하여 집착하고 쌓는 가운데 몸은 고달파지고 눈은 감기며, 귀는 흐릿하여 보아도 알지 못하고 들어도 이해하지 못하면서 스스로 의심하고 스스로 측량하면서 여기까지 왔다. 석가모니불께서 사람으로 이 땅에 와서 사람으로 진실한 삶 자체를 몸소 보여주던 그 시절을 우리는 끝내 만나지 못하였다. 신심 있는 불자들에 의하여 남겨진 정사精舍와 스투파, 보리수와 족적足跡만 볼 수 있었다. 조금만 더 공덕을 쌓았어도 허물어지고 폐허가 된 모습이 아닌 찬란한 모습을 직접 볼 수 있었을 텐데 아쉬운 마음이 크다.

여기까지 오면서 오늘도 윤회를 벗어나는 법은 알지 못하고 내가 가지고 있는 아는 마음만큼만 보고 들을 뿐이다. 더도 말고 덜도 말고, 높지도 않고 낮지도 않고, 어렵지도 않고 쉽지도 않은 가르침, 처음도 좋고 중간도 좋고 끝도 좋은 말씀을 허물어뜨리는 악은

행하지 않기를 바란다. 이 세상에 존재하는 모든 것들은 영원한 것은 없다. 부처님도 80성상에서 멈추었다. 백년도 못살면서 천년을 살 것 같이 생각하는 우리들을 위해 석가모니 부처님께서는 "무엇에도 어느 하나에도 집착하지 말라."시며 당신의 출생과 출가로 보여주셨고, 수행의 모습으로 보여주셨고, 실천행으로 보여주신 것도 부족하다 여기셨는지 당신의 마지막 가시는 길, 열반의 모습으로까지 몸소 보여주셨다. 누구나 다 일상생활 속에서 쉽게 찾을 수 있음을 보여주신 것이다. 그렇게 쉽게 보여주신 법들이 어렵게 느껴지는 것은 석가모니불을 사람으로 보지 않고, 신격화시켜 신성불가침처럼 만들었기 때문이다.

인도 부처님 성지에 가서 보고 와야 할 것은 찬란했던 불교 문화와 오랜 역사에 동경심을 일으키기 위함만이 아니다. 불교가 왜 탄압받고 허물어졌는지, 한때 번성했던 불교국가가 왜 이렇게 가난해졌는지 하는 것보다 '인간으로 오신 부처님의 참모습'을 알고자 함이다.

불교는 신神의 종교가 아니다. 신비로움이 아니며, 어떠한 거짓도 어떠한 장엄도 아닌 자연 그대로를 보여주는 종교이다. 불교가 장엄해지는 순간부터 정법이 무너지기 시작했음을 우리는 상기해야 한다. 세상이 폐허가 되는 것은 중생들이 오욕칠정에 물든 원인이요, 불교가 폐허가 되는 것은 사원이 오욕칠정에 물든 것이 원인임을 잊지말아야 한다.

사원의 주인은 승가僧伽다. 사원이 오욕칠정에 물든다는 것은 곧 승가가 물든다는 것이다. 사원은 단순할수록 세상은 화려하고 아름다워진다. 세상이 아름다워짐은 승가의 수행력이 높아지고 있다는 증거이다. 사원과 승가를 존경하는 것은 지식을 습득해서가 아니다. 수행의 참모습을 보고 귀명하고 공경하는 것이다.

세계 최고의 불상을 제작하고, 최고의 불탑을 세우고, 대규모 대학을 설립한다면 승가는 관리자가 될 뿐이요, 수행과는 거리가 멀어지게 되는 것이다. 승가가 고행하면 사회는 편안한 삶을 누릴 것이요, 승가가 편안하면 사회는 불편해질 것이다.

승가나 사회는 물질과 마음이 동시에 발전할 수는 없다. 어느 하나를 선택해야 한다. 승가는 무엇을 선택해야 할 것인가? 물질 다스리는 담당은 사회에 맡기고, 승가는 마음 다스림을 담당해야 한다.

보드가야를 제외한 나머지 폐허가 된 성지를 돌아보면서 생각해 본다. 부처님은 웅장하고 찬란한 건물이 아닌 숲과 동산을 보고 그곳에 머물렀다는 생각을 한다. 화려한 기원정사가 한 마리의 쥐로 인하여 소실되었음을 기억해야 할 것이다. 우리와 같은 사람으로서의 부처님 모습을 마음속에 담으면서 이 글을 회향하고자 한다. 인연이 있고 기회가 있으면, 새로운 마음으로 다시 한번 부처님의 모습을 찾아 인도로 갈 것이다.

"자비한 가르침에 머리 숙여 합장합니다."

인간, 석가모니불을 만나다
내가 본 석가모니불의 발자취

초판 1쇄   2020년 5월 16일
지은이   최종웅(혜정·惠淨)
펴낸이   오종욱
펴낸곳   올리브그린
            경기도 파주시회동길 145, 아시아출판문화정보센터 연구동 2층 201호
            olivegreen_p@naver.com
            전화 070-6238-8991 / 팩스 0505-116-8991

가격   20,000원
ISBN 978-89-98938-34-5 03220

· 이 도서의 국립중앙도서관 출판도서목록(CIP)은 서지정보유통지원시스템 홈페이지
  (http://seoji.nl.go.kr)와 국가자료공동목록시스템(http://www.nl.go.kr/kolisnet)에서
  이용하실 수 있습니다.(CIP제어번호: CIP2020017746)